旅游规划设计与旅游
资源的开发利用研究

张　惠◎著

中国商务出版社

·北京·

图书在版编目（CIP）数据

旅游规划设计与旅游资源的开发利用研究／张惠著.
北京：中国商务出版社，2024.6. -- ISBN 978-7-5103-
5318-5

Ⅰ.F592

中国国家版本馆 CIP 数据核字第 20243CV375 号

旅游规划设计与旅游资源的开发利用研究

张　惠◎著

出版发行：中国商务出版社有限公司
地　　址：北京市东城区安定门外大街东后巷 28 号　　邮　　编：100710
网　　址：http://www.cctpress.com
联系电话：010—64515150（发行部）　　010—64212247（总编室）
　　　　　010—64515164（事业部）　　010—64248236（印制部）
责任编辑：徐文杰
排　　版：北京天逸合文化有限公司
印　　刷：星空印易（北京）文化有限公司
开　　本：710 毫米×1000 毫米　1/16
印　　张：14.25　　　　　　　　　　　字　　数：210 千字
版　　次：2024 年 6 月第 1 版　　　　　印　　次：2024 年 6 月第 1 次印刷
书　　号：ISBN 978-7-5103-5318-5
定　　价：79.00 元

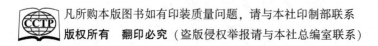

前　言

　　随着全球旅游业的持续繁荣与发展，旅游规划设计与旅游资源的开发利用成为推动旅游业健康、可持续发展的关键要素。在新的时代背景下，如何科学、合理地规划旅游目的地，高效、可持续地利用旅游资源，已成为旅游业面临的重要课题。旅游规划设计是旅游业发展的蓝图和指南，它涉及旅游目的地的定位、功能布局、产品设计、市场营销等多个方面。一个优秀的旅游规划设计能够充分挖掘和发挥旅游资源的潜力，提升旅游目的地的吸引力和竞争力，为游客提供高质量的旅游体验。而旅游资源的开发利用则是旅游业发展的物质基础。旅游资源包括自然景观、人文景观、民俗文化等多个方面，它们是吸引游客的重要因素。在旅游资源的开发利用过程中，需要注重保护与开发并重，确保旅游资源的可持续利用，避免过度开发和破坏。

　　本书共分为 11 章，旨在为读者提供全面的旅游规划设计与旅游资源开发利用的知识体系和实践指导，为旅游业的持续发展和创新提供有力的支持。首先，本书系统地阐述了旅游规划设计的基础理论，旅游资源的分类与评价，以及市场需求与分析等关键要素。其次，本书详细介绍了旅游目的地、旅游线路、旅游产品的规划设计与创新方法，并强调了旅游资源的保护与可持续发展。最后，本书还从文化遗产保护、社区参与和智慧旅游等新视角，探讨了旅游规划设计的未来发展趋势。

作　者

2024. 2

目　录

第一章　旅游规划设计的基础理论　/ 001

第一节　旅游规划设计的概念与原则　/ 001

第二节　旅游规划设计的发展历程与趋势　/ 006

第三节　旅游规划设计的多学科融合　/ 012

第二章　旅游资源概述与分类　/ 020

第一节　旅游资源的定义与特点　/ 020

第二节　旅游资源的分类与评价　/ 025

第三节　旅游资源的分布与地域特色　/ 032

第三章　旅游市场需求与分析　/ 039

第一节　旅游市场的构成与特点　/ 039

第二节　旅游市场需求的调查与分析方法　/ 046

第三节　旅游市场趋势的预测与应对策略　/ 052

第四章　旅游目的地和旅游线路规划与设计　/ 059

第一节　旅游目的地规划与设计　/ 059

第二节　旅游线路规划与设计　/ 069

第五章 旅游资源的开发与利用 / 080

　第一节 旅游资源开发的原则与策略 / 080

　第二节 旅游资源开发的模式与实例 / 086

　第三节 旅游资源开发中的环境保护与可持续发展 / 092

第六章 旅游产品开发与创新 / 099

　第一节 旅游产品的概念与类型 / 099

　第二节 旅游产品开发的原则与策略 / 106

　第三节 旅游产品创新的途径与实践 / 112

第七章 旅游资源的保护与可持续发展 / 118

　第一节 旅游资源保护的重要性与原则 / 118

　第二节 旅游资源保护的措施与方法 / 125

　第三节 旅游资源的可持续发展战略 / 132

第八章 旅游规划设计的实施与管理 / 139

　第一节 旅游规划设计的实施过程与机制 / 139

　第二节 旅游规划设计的管理体系与制度 / 146

　第三节 旅游规划设计的监测与评估 / 152

第九章 旅游规划设计中的文化与遗产保护 / 160

　第一节 文化遗产在旅游规划中的重要性 / 160

　第二节 文化遗产保护的原则与方法 / 166

　第三节 旅游规划中文化遗产的活化利用策略 / 173

第十章 旅游规划设计与社区参与 / 180

　第一节 社区参与在旅游规划设计中的意义 / 180

　第二节 促进社区参与的策略与机制 / 188

第十一章 智慧旅游与旅游规划设计的融合 ／198

第一节 智慧旅游的概念与发展趋势 ／198

第二节 智慧旅游在旅游规划设计中的应用 ／204

第三节 智慧旅游对旅游规划设计的影响与挑战 ／210

参考文献 ／215

第一章　旅游规划设计的基础理论

第一节　旅游规划设计的概念与原则

一、旅游规划设计的概念

（一）旅游规划设计的定义

旅游规划设计，作为一个跨学科的综合性活动，是指在旅游发展过程中，为了实现旅游资源的有效配置、旅游目的地的可持续发展以及满足游客的多元化需求，通过系统性的研究、分析、设计与实施，对旅游地的资源、环境、设施、服务等进行全面规划与布局的过程。旅游规划设计融合了地理学、生态学、经济学、社会学、心理学、建筑学以及市场营销学等多个学科的理论与方法。其核心目标在于创建一个既能保护自然与文化遗产，又能促进地方经济社会发展，同时满足游客体验需求的旅游目的地。

（二）旅游规划设计的意义

旅游规划设计的意义在于为旅游目的地的发展提供科学、系统和可持续的指导，确保其经济、社会和环境效益的协调统一。

1. 旅游规划设计有助于实现旅游资源的优化配置

旅游规划设计在旅游资源的优化配置中发挥着至关重要的作用。通过全面而系统地评估旅游地所拥有的自然、人文、历史以及社会资源，规划能够确保这些宝贵的资源得到合理、高效且可持续的利用。在这一过程中，规划不仅避免了资源的无谓浪费和潜在破坏，更通过精心设计与布局，提升了旅游目的地的整体吸引力和市场竞争力。这种优化配置不仅有助于旅游业的健康发展，还为当地经济带来了可观的收益。

2. 旅游规划设计对于促进地方经济社会发展具有显著作用

旅游规划设计在推动地方经济社会发展方面具有不可或缺的作用。通过精心的规划，可以准确地定位旅游业在地方经济中的角色和发展方向，使其与地方特色和产业优势相契合。这样的规划不仅促进了旅游业本身的繁荣，还强有力地拉动了与之相关的交通、餐饮、住宿、零售等产业的发展，从而创造更多的就业机会。随着就业机会的增多和旅游业收入的提高，居民的收入水平和生活质量也随之上升，进而推动整个地方经济的繁荣与发展。

3. 旅游规划设计有助于保护和传承文化遗产

旅游规划设计在保护和传承文化遗产方面扮演着至关重要的角色。在规划过程中，对文化遗产的细致考虑和尊重，能够确保旅游活动不会对珍贵的历史遗迹、传统建筑以及深厚的民俗文化造成不可逆转的破坏。更为重要的是，通过精心且科学的规划，这些独特的文化遗产不仅可以得到妥善保护，还能被巧妙地转化为吸引游客的宝贵资源。这样一来，不仅文化遗产得到了有效传承，同时也为地方经济注入了新的活力和发展动力，实现了文化与经济的双赢。

4. 旅游规划设计对于提升游客体验质量至关重要

通过深入的市场调研和精准的需求分析，旅游规划能够确保旅游设施与服务的细致入微、周到贴心，与游客的个性化需求紧密相连。从多样化的旅游线路设计，到高品质的酒店住宿、特色美食体验，再到独具特色的文化娱乐活动，规划致力于为游客打造一场难忘而愉悦的旅程。这样的规划不仅让游客的期望和需求得到满足，更在无形中提升了他们的满意度和忠诚度，为旅游目的地的口碑传播和持续发展奠定了坚实的基础。

5. 旅游规划设计有助于实现旅游业的可持续发展

旅游规划设计是实现旅游业可持续发展的关键所在。通过精心制定和执行规划，旅游业的发展与自然环境保护之间的关系可以得到有效平衡。规划能够确保旅游活动在开展的同时，对自然环境的负面影响降至最低，从而保护生态系统的完整性和稳定性。此外，规划还能积极推动旅游业与其他相关产业的深度融合，如农业、文化、体育等，进而打造出更加丰富多元的旅游产品和服务。这不仅有助于形成更加完整和多元化的产业链，还能显著提升旅游业的整体效益和市场竞争力，推动其健康、持续发展。

二、旅游规划设计的原则

（一）可持续性原则

可持续性原则在旅游规划设计中具有深远的指导意义。可持续性原则要求旅游规划设计在经济上具备可行性，这就意味着旅游项目必须能够产生足够的经济效益，以支撑其长期发展。在规划过程中，需要对旅游市场的需求和潜力进行准确评估，确保旅游资源的开发利用能够带来经济回报，同时避免过度开发导致的资源浪费和环境破坏。

社会可持续性也是旅游规划设计必须考虑的因素。旅游活动不仅涉及游客的体验，还与当地居民的生活密切相关。因此，在规划过程中，需要充分考虑当地居民的利益和诉求，确保旅游业的发展能够带动社区的经济繁荣和社会进步，实现利益共享。此外，环境可持续性是旅游规划设计的核心要求。旅游业的发展必须以保护自然环境和文化遗产为前提。在规划过程中，需要遵循生态学原则，确保旅游活动对环境的负面影响最小化。同时，通过科学合理的规划布局和环保措施的实施，促进旅游业与环境的和谐共生。

（二）市场导向原则

市场导向原则是旅游规划设计中至关重要的指导性原则。该原则强调旅游规划应以市场需求为出发点和归宿，确保旅游目的地的产品和服务与游客的期望和需求紧密匹配。市场导向原则要求旅游规划设计进行深入的市场研究。这包括对游客的偏好、行为模式、消费习惯以及潜在需求进行系统的调查和分析。通过市场细分和目标市场定位，规划者能够更准确地把握不同游客群体的需求差异，为旅游目的地的产品和服务设计提供科学依据。

市场导向原则强调旅游规划应具备灵活性和适应性。由于旅游市场具有动态变化的特性，游客的需求和偏好随时可能发生变化。因此，规划者需要密切关注市场动态，及时调整和优化旅游目的地的产品和服务，以确保始终与市场需求保持同步。此外，市场导向原则还要求旅游规划注重营销和推广。在竞争激烈的旅游市场中，有效的营销和推广策略对于提升旅游目的地的知名度和吸引力至关重要。规划者需要充分利用市场营销工具，如品牌建设、网络营销、公共关系等，将旅游目的地的独特魅力和优势准确传达给潜在游客。

（三）地域特色原则

地域特色原则是旅游规划设计中一个不可或缺的指导原则。该原则强调在旅游规划过程中应充分挖掘、保护和利用地域独特的自然、文化和历史资源，形成具有鲜明个性和独特魅力的旅游目的地。地域特色原则要求旅游规划设计对地域的自然资源进行深入研究。每个地区都有其独特的地理、气候和生态环境，这些自然条件是形成地域特色的基础。规划者需要通过科学的方法和手段，对地域的自然资源进行全面评估，明确其特色和价值，为旅游产品的设计和开发提供依据。

地域特色原则强调对地域文化的挖掘和传承，文化是旅游的灵魂，地域文化是旅游目的地吸引力的核心。规划者需要深入了解和挖掘地域的历史文化、民俗风情、传统工艺等，将其融入旅游产品和服务的设计中，提升旅游的文化内涵和品位。此外，地域特色原则还要求旅游规划注重地域特色的保护和可持续发展。在旅游开发过程中，必须遵循生态优先、保护优先的原则，确保地域的自然和文化资源得到有效保护。

（四）综合性原则

综合性原则要求旅游规划设计具备全局观念。规划者不仅应关注旅游业本身的发展，还需充分考虑其对地方经济、社会结构、文化传承以及自然环境的影响。这意味着在规划过程中，需要全面评估旅游资源的潜力与价值，以及旅游业发展可能带来的各种正面与负面影响。综合性原则强调旅游规划设计的多学科融合，由于旅游业涉及众多领域，如经济学、社会学、地理学、生态学等，因此规划者需要具备跨学科的知识背景。在规划过程中，应充分利用各学科的理论与方法，对旅游业的发展进行全面、深入的分析与研究。

综合性原则还要求旅游规划设计注重利益相关者的参与与协调。旅游业的发展涉及政府、企业、当地居民、游客等多方利益相关者。为了确保规划的合理性与可行性，规划者需要积极听取各方意见，平衡各方利益，形成共识与合力。此外，综合性原则强调旅游规划设计的动态性与适应性。由于旅游业的发展受到多种因素的影响，如市场需求、政策变化、技术进步等，因此规划需要具备一定的灵活性与前瞻性。规划者需要密切关注市场动态与行业趋势，及时调整规划策略与措施，以适应旅游业发展的变化与需求。

（五）创新性原则

创新性原则强调在旅游规划过程中应不断探索和应用新的理念、方法和技术，以推动旅游业的创新发展和提升竞争力。创新性原则要求旅游规划设计具备前瞻性思维。规划者需要密切关注旅游市场的新趋势、新需求和新变化，以及科技进步带来的新机遇和新挑战。通过深入研究和预测，规划者能够把握旅游业发展的未来方向，为旅游目的地的创新发展提供科学指导。创新性原则强调旅游规划设计应突破传统思维束缚。传统的旅游规划往往侧重于资源的开发利用和市场的营销推广，而创新性原则要求规划者从更广阔的视角来思考旅游业的发展。这包括探索新的旅游业态、创造独特的旅游产品、构建全新的旅游体验等，以满足游客日益多样化和个性化的需求。

创新性原则还要求旅游规划设计注重跨界融合与创新。旅游业是一个综合性极强的产业，与众多其他产业有着紧密的联系。规划者需要积极寻求与其他产业的合作与融合，如文化、科技、教育、体育等，通过跨界创新为旅游业注入新的活力和动力。此外，创新性原则强调旅游规划设计应重视技术创新的应用。随着科技的不断进步，尤其是信息技术、大数据、人工智能等新兴技术的快速发展，为旅游业的创新发展提供了强大的技术支撑。规划者需要积极引入和应用这些先进技术，提升旅游服务的智能化、个性化和便捷化水平，为游客带来更加优质和高效的旅游体验。

第二节　旅游规划设计的发展历程与趋势

一、旅游规划设计的发展历程

（一）初始阶段：旅游规划的萌芽

在旅游规划设计的初始阶段，即"旅游规划的萌芽"时期，旅游业还处于相对原始和无序的状态。这一阶段的特点主要表现在对旅游活动自发性和无序性的认识，以及旅游规划意识的初步形成。

在旅游业的萌芽期，人们的旅游活动往往是自发的，缺乏有组织、有计划的引导和管理。这种自发性的旅游活动，往往会导致旅游资源的无序开发和过度消耗，同时给目的地的自然环境和社会文化带来压力和挑战。由于缺乏统一的规划和管理，旅游业的发展常常呈现出一种无序的状态，这种无序性不仅体现在旅游资源的开发利用上，还表现在旅游服务的提供和旅游市场的运作上。然而，正是在这种无序和自发的状态下，人们逐渐意识到旅游规划的重要性。随着旅游业的不断发展和壮大，其对于经济、社会和环境的影响也日益显著。这促使人们开始思考如何通过科学的规划和设计，引导旅游业走向更加有序和可持续的发展道路。于是，旅游规划的理念和实践开始萌芽。

在这个阶段，一些先驱者和学者开始探索旅游规划的理论和方法，尝试将旅游业纳入一个更加系统和全面的框架中进行考虑。他们研究旅游资源的分布和特点，分析旅游市场的需求和趋势，探讨旅游业与其他产业的关系和影响，提出了一系列具有前瞻性和指导性的规划和设计建议。这些初步的探索和实践，为后来的旅游规划设计提供了宝贵的经验和启示。尽管在这个阶段，旅游规划还远未形成完整的体系和方法论，但它已经为旅游业的健康发展奠定了基础，并指明了方向。

（二）发展阶段：旅游规划的体系化构建

在旅游规划设计的发展阶段，即"旅游规划的体系化构建"时期，标志着旅游业从无序走向有序，从自发走向自觉的重要转折点。这一时期的核心特征在于旅游规划理论与实践的紧密结合，以及旅游规划专业化与标准化的显著推进。

随着旅游业在全球范围内的蓬勃发展和其对经济、社会、文化及环境影响的日益凸显，单纯的自发性旅游活动已无法满足日益增长的旅游需求和市场变化。因此，旅游规划逐渐从一种零散、非系统的实践活动，转变为一种基于深入理论研究、多学科交叉融合和广泛实践经验的体系化构建过程。在这一转变中，旅游规划的理论研究发挥了至关重要的作用。学者从地理学、经济学、社会学、生态学等多学科视角出发，深入探讨了旅游规划的基本原理、方法论体系、实施策略与评估机制等关键问题，为旅游规划的体系化构建提供了坚实的理论基础。

旅游规划的专业化与标准化在这一时期也取得了显著进展。随着旅游规划实践的不断深入和理论研究的日益成熟，旅游规划逐渐从一种附属于其他规划领域的边缘性活动，发展成为具有独特专业属性和标准化操作流程的独立领域。在这一过程中，各种专业性的旅游规划机构、行业协会和标准化组织相继成立，为旅游规划的专业化与标准化提供了有力的组织保障。同时，大量的旅游规划实践案例和成功经验也为旅游规划的专业化与标准化提供了丰富的实践支撑。此外，值得一提的是，在这一时期，旅游规划还开始与其他相关规划领域进行广泛的交叉融合，如城市规划、区域规划、产业规划等。

这种交叉融合不仅丰富了旅游规划的理论体系和实践手段，也进一步提升了旅游规划在综合性和战略性层面的作用和价值。

（三）成熟阶段：旅游规划的多元化与创新

旅游规划设计的成熟阶段，即"旅游规划的多元化与创新"时期，是旅游业在全球化、地方特色、科技革新以及智能化应用等多方面取得显著进展的时期。此阶段标志着旅游规划从传统走向现代，从单一走向多元，从保守走向创新的重要转型。

随着全球化进程的加速推进，旅游规划逐渐突破了地域和文化的限制，开始在全球范围内寻求资源配置的最优化和市场需求的最大化。在这一背景下，旅游规划的多元化特征日益凸显。一方面，多元化的旅游资源和产品类型为旅游者提供了更加丰富和个性化的选择；另一方面，多元化的旅游市场和营销策略也为旅游目的地带来了更加广阔和稳定的市场基础。这种多元化的发展趋势不仅提升了旅游业的整体竞争力和吸引力，也进一步推动了旅游规划在理念、方法和技术上的创新。

地方特色在旅游规划中的融入和创新也是成熟阶段的重要特征之一。在全球化的大背景下，地方特色的保护和传承显得尤为重要。旅游规划作为连接旅游者与目的地的桥梁和纽带，其在挖掘、整合和传播地方特色方面具有得天独厚的优势。通过深入挖掘地方的自然、历史、文化和民俗等资源，旅游规划能够将地方特色与市场需求有机结合，打造出独具魅力和竞争力的旅游产品。同时，借助创新的规划理念和技术手段，如主题旅游、体验旅游、智慧旅游等，旅游规划还能够为地方特色的传承和发展注入新的活力。此外，科技革新与智能化应用在旅游规划中的广泛应用也是成熟阶段的重要标志之一。随着信息技术的飞速发展和智能化应用的日益普及，旅游规划在数据采集、分析、预测和决策等方面取得了突破性进展。借助大数据、人工智能、物联网等先进技术手段，旅游规划能够更加精准地把握市场脉搏和旅游者需求，提供更加个性化和智能化的旅游产品和服务。同时，这些技术手段的应用也为旅游规划的创新发展提供了无限可能性和广阔空间。

二、旅游规划设计的发展趋势

（一）可持续旅游规划

随着全球环境问题的日益凸显和可持续发展理念的深入人心，可持续旅游规划已成为旅游规划设计领域的重要发展趋势。这一趋势强调在旅游业发展过程中，必须注重经济、社会和环境之间的平衡与协调，确保旅游业的长期可持续发展。可持续旅游规划涉及多个学科领域的知识和方法，包括生态学、地理学、经济学、社会学等。它要求规划者在制定旅游规划时，充分考虑旅游活动对自然环境、社会文化和经济发展的影响，以及这些影响之间的相互作用和反馈机制。

在可持续旅游规划中，生态保护是核心要素之一。规划者需要深入了解和评估旅游目的地的生态状况和承载能力，制定科学合理的旅游开发策略和活动安排，确保旅游活动不会对生态环境造成不可承受的破坏。同时，规划者还需要关注旅游活动对当地生物多样性的影响，采取积极有效的措施保护和恢复生态系统。除了生态保护，可持续旅游规划还强调社会文化的可持续发展。这就意味着在旅游业发展过程中，要尊重和保护当地的文化传统和民俗习惯，促进不同文化之间的交流与理解。

此外，可持续旅游规划还关注经济发展的可持续性。它要求旅游业的发展能够带动当地经济的增长和就业机会的创造，同时避免过度依赖旅游业带来的经济风险。规划者需要制定合理的旅游产业政策和发展战略，促进旅游业的健康稳定发展，并确保旅游业收益能够公平合理地分配给当地社区和居民。

（二）智慧旅游规划

智慧旅游规划是信息时代背景下旅游业发展的新趋势，它运用先进的信息技术手段和智能化系统，对旅游资源、服务、管理等方面进行全方位、高效率的规划和优化。

智慧旅游规划的核心在于数据驱动，通过大数据、云计算等技术，规划者能够实时收集、处理和分析海量的旅游数据，包括游客行为、市场需求、资源分布等。这些数据为旅游规划提供了科学依据和精准指导，使得规划决策更加客观、准确和及时。例如，通过对历史数据的挖掘和分析，可以预测未来旅游市场的变化趋势，为旅游目的地的定位和产品开发提供有力支持。智慧旅游规划强调游客体验的优化，借助物联网、人工智能等技术，旅游目的地能够提供更加智能化、个性化的服务。例如，通过智能导游系统，游客可以获取实时的导览信息和语音解说；通过智能推荐系统，游客可以获得符合自己兴趣和需求的旅游线路和产品建议。这些智能化的服务不仅提升了游客的满意度和忠诚度，也增强了旅游目的地的竞争力和吸引力。

智慧旅游规划还注重资源的高效利用和环境的保护，通过智能化的管理和监控系统，旅游目的地可以更加精确地掌握资源的利用情况和环境的实时状况。这有助于及时发现和解决资源浪费、环境破坏等问题，实现旅游业的绿色、低碳和可持续发展。例如，通过智能能源管理系统，旅游酒店可以降低能源消耗和碳排放；通过智能垃圾分类和回收系统，旅游景区可以减少垃圾的产生并提高资源回收利用率。此外，智慧旅游规划还关注产业融合和创新发展，在信息技术的推动下，旅游业与其他产业之间的边界逐渐模糊，产业融合成为旅游业发展的新趋势。

（三）全域旅游规划

全域旅游规划是近年来旅游规划领域的一个新兴概念，它突破了传统以景区为核心的规划模式，强调将整个旅游目的地作为一个整体进行规划和发展。

全域旅游规划的核心思想是整体性。传统的旅游规划往往以单个景区或景点为中心，却忽视了景区之间的联系和整个目的地的整体效应。而全域旅游规划则将整个目的地视为一个有机整体，注重景区之间、城乡之间、产业之间的融合与协同发展。这种整体性的规划思路有助于提升目的地的整体竞争力和吸引力，实现旅游业的可持续发展。全域旅游规划强调多元主体的参与和合作，在全域旅游规划中，政府、企业、社区和居民等多元主体都扮演着重要角色。政府负责制定政策和规划，提供公共服务和基础设施；企业负责投资和运营，提供旅游产品和服务；社区和居民则是旅游目的地的重要组成部分，他们的参与和支持对于旅游业的发展至关重要。全域旅游规划鼓励这些多元主体之间的合作与协调，共同推动旅游业的发展。

全域旅游规划注重产业融合和创新发展。随着旅游业的不断发展，它与其他产业之间的融合趋势日益明显。这种产业融合有助于丰富旅游产品的内涵和形式，提升旅游业的附加值和竞争力。同时，全域旅游规划还鼓励创新发展，推动新技术、新业态和新模式在旅游业中的应用和发展。此外，全域旅游规划还关注社会文化和生态环境的保护。在旅游业发展过程中，保护当地的社会文化和生态环境是至关重要的。全域旅游规划要求规划者充分考虑旅游活动对社会文化和生态环境的影响，制定科学合理的保护措施和管理制度。

（四）个性化与定制化旅游规划

随着旅游市场的不断细分和消费者需求的日益多样化，个性化与定制化旅游规划逐渐成为旅游规划领域的一个重要发展方向。这种规划模式强调以旅游者的个性化需求和体验为中心，通过定制化的旅游产品和服务来满足不同旅游者的独特需求。

个性化与定制化旅游规划的核心是旅游者需求的精准把握。在传统的旅游规划模式中，旅游者的需求往往是被忽视或简单归类的。而在个性化与定制化旅游规划中，规划者需要通过深入的市场调研和数据分析，精准地把握不同旅游者的需求差异和偏好特点。这包括对旅游者的兴趣爱好、旅行目的、预算和时间等方面的全面了解，以便为其提供更加符合期望的旅游产品和服务。个性化与定制化旅游规划注重旅游体验的个性化设计，在旅游产品的设计和开发过程中，规划者需要根据旅游者的个性化需求，量身定制旅游线路、活动安排和服务内容。例如，对于喜欢文化探索的旅游者，可以设计以历史文化为主题的旅游线路；对于喜欢户外冒险的旅游者，则可以安排刺激的户外运动和探险活动。这种个性化的旅游体验设计有助于提升旅游者的满意度和忠诚度。

个性化与定制化旅游规划强调旅游服务的智能化和便捷化。借助先进的信息技术和智能化应用，旅游规划者可以为旅游者提供更加便捷、高效的服务。例如，通过智能推荐系统，旅游者可以轻松获取符合自己需求的旅游线路和产品建议；通过在线预订和支付系统，旅游者可以随时随地完成旅游产品的预订和支付。这些智能化的服务不仅提高了旅游服务的效率和质量，也增强了旅游者的体验感和满意度。此外，个性化与定制化旅游规划还需要建立灵活多变的旅游供应链。为了满足不同旅游者的个性化需求，旅游规划者需要与各类旅游资源供应商和服务提供商建立紧密的合作关系，构建一个灵活多变的旅游供应链。这个供应链需要能够快速响应旅游者的需求变化，提供多样化的旅游产品和服务选择。同时，供应链中的各个环节也需要保持紧密的沟通和协作，以确保旅游产品的顺利开发和旅游服务的顺畅提供。

第三节　旅游规划设计的多学科融合

一、旅游规划设计与地理学的融合

（一）地理学在旅游规划设计中的应用

地理学为旅游资源的评价与分类提供了科学依据。通过地理学的方法和技术，可以对旅游目的地的自然资源、人文景观、历史文化等进行系统调查和评估，明确各类旅游资源的数量、质量、空间分布及其特色。这有助于规划者准确把握旅游资源的优势和潜力，为后续的旅游产品开发、线路设计、市场营销等提供有力支撑。地理学在旅游空间布局与优化中发挥着重要作用，地理学关注地球表面的空间结构和空间关系，强调各种地理要素之间的相互作用和影响。在旅游规划设计中，规划者需要运用地理学的空间分析方法和模型，研究旅游目的地的空间结构、功能分区、交通网络等，以实现旅游资源的合理配置和空间布局的优化。这有助于提升旅游目的地的整体竞争力和可持续发展能力。

此外，地理学还关注旅游活动与地理环境之间的相互作用和影响。旅游活动作为一种特殊的人类活动，对地理环境产生着深远的影响。同时，地理环境也制约着旅游活动的开展和旅游体验的质量。在旅游规划设计中，规划者需要运用地理学的相关理论和方法，分析旅游活动对地理环境的影响机制和影响程度，提出相应的环境保护和治理措施。这有助于实现旅游发展与环境保护的良性循环。地理学在旅游规划设计中还发挥着文化传承与保护的作用。旅游不仅是一种经济活动，更是一种文化交流与传承的过程。在旅游规划设计中，规划者需要关注旅游目的地的地域文化和历史文化特色，运用地理学的相关理论和方法，挖掘和传承地域文化精髓，打造具有独特文化魅力的旅游产品。这有助于提升旅游目的地的文化吸引力和品牌形象。

（二）地域特色与旅游规划设计的互动关系

地域特色是指一个地区在长期历史发展过程中形成的独特的自然风貌、人文景观、历史文化、民俗风情等综合性特征。旅游规划设计则是针对特定旅游目的地，通过科学的方法和手段，对旅游资源进行合理利用和开发，以满足旅游者需求并推动地区旅游业发展的过程。地域特色与旅游规划设计之间存在着紧密的互动关系。地域特色是旅游规划设计的基础和灵魂，一个地区的地域特色是其独特魅力和吸引力的源泉，也是旅游者产生旅游动机的重要因素。在旅游规划设计中，规划者需要深入挖掘和准确把握地域特色，将其作为规划设计的核心内容和主题，贯穿整个规划设计的始终。通过突出地域特色，旅游规划设计能够塑造出具有独特魅力和品牌形象的旅游目的地，吸引更多的旅游者前来游览和体验。

旅游规划设计是地域特色传承和发展的重要途径。地域特色的形成和发展是一个长期的历史过程，需要得到持续的保护和传承。然而，在现代社会经济发展的冲击下，许多地域特色面临着消失和破坏的风险。旅游规划设计作为一种有效的资源利用和开发方式，可以为地域特色的传承和发展提供重要支撑。通过科学合理的旅游规划设计，可以将地域特色转化为具有经济价值的旅游资源，推动地区旅游业的繁荣发展，并为地域特色的保护和传承提供经济支持和社会关注。

二、旅游规划设计与生态学的融合

（一）生态学原则在旅游规划设计中的应用

生态学是研究生物与其周围环境相互关系的科学，其原则和方法对于旅游规划设计具有重要的指导意义。随着人们对可持续发展和环境保护的日益关注，生态学原则在旅游规划设计中的应用已成为一种必然趋势。

生态学原则强调生态平衡与保护，在旅游规划设计中，这就意味着规划者必须充分考虑旅游活动对自然生态系统的影响，确保旅游开发与环境保护之间的平衡。为了实现这一目标，规划者需要运用生态学理论和方法，评估旅游目的地的生态承载力，确定合适的旅游开发强度和方式，以避免对生态系统的破坏。生态学原则倡导生物多样性保护，生物多样性是地球生命的基石，也是旅游资源的重要组成部分。在旅游规划设计中，规划者应优先考虑保护生物多样性，包括保护珍稀濒危物种及其栖息地，维护生态系统的完整性和稳定性。通过保护和恢复生物多样性，可以提升旅游目的地的自然景观价值和吸引力。

此外，生态学原则还提倡景观生态学的应用。景观生态学是研究景观结构、功能和动态变化的科学，为旅游规划设计提供了独特的视角和方法。在旅游规划设计中，运用景观生态学理论可以指导旅游景观的规划、设计和管理，实现旅游景观的美学价值、生态价值和经济价值的统一。通过合理规划和布局旅游景观元素，可以创造出具有独特魅力和吸引力的旅游目的地。生态学原则在旅游规划设计中的应用还体现在旅游活动的引导和管理上。规划者需要制定科学合理的游客管理措施和游客行为引导策略，以减少游客对自然环境的干扰和破坏。通过加强游客教育和宣传，提高游客的环保意识和责任感，可以推动旅游业的绿色发展和可持续发展。

（二）生态旅游规划设计的理念与实践

1.生态旅游规划设计的理念

生态旅游规划设计的核心在于实现旅游业的可持续发展。这意味着在满足当前旅游者需求的同时，不损害未来世代满足其需求的能力。因此，规划者需要在设计中充分考虑资源的有限性和环境的脆弱性，确保旅游活动对环境的负面影响最小化。生态旅游强调对自然环境的尊重和保护。在规划设计中，应优先考虑生态环境的承载力和敏感性，避免过度开发和污染。同时，规划者还应关注文化遗产的保护，确保旅游活动不会对当地文化造成破坏。生态旅游规划设计强调当地社区的参与和受益。规划者需要与当地居民进行充分沟通，了解他们的需求和期望，确保其在旅游发展中获得经济、社会和文化方面的收益。同时，社区参与还有助于增强旅游目的地的吸引力和独特性。生态旅游倡导旅游者承担环境保护和社会责任。在规划设计中，应通过教育和宣传手段提高旅游者的环保意识和责任感，引导他们以更加文明、环保的方式参与旅游活动。

2.生态旅游规划设计的实践

在实践生态旅游规划设计时，首先需要对旅游目的地的自然和人文资源进行全面的调查和评价。这包括资源的类型、数量、质量、分布以及特色等方面。通过科学评价，可以确定旅游资源的开发潜力和价值，为后续的规划设计提供有力支撑。根据资源调查和评价结果，规划者需要对旅游目的地进行功能分区和布局。这包括确定不同区域的功能定位、发展目标和开发强度等。通过合理分区和布局，可以实现旅游资源的优化配置和空间布局的优化。在生态旅游规划设计中，环境保护是至关重要的一环。规划者需要制定严格的环境保护措施，包括限制开发强度、控制游客数量、推广环保交通工具等。同时，还应建立环境监测和预警系统，及时发现和解决环境问题。

三、旅游规划设计与社会学的融合

(一) 社会学视角下的旅游社会影响分析

旅游作为一种社会活动,不仅对经济产生显著影响,而且在社会层面引发深远变革。从社会学的视角出发,对旅游的社会影响进行深入分析,有助于更全面地理解旅游业对目的地社会结构、文化及居民生活的影响。

旅游业的发展往往带来人口流动和就业结构的变化。一方面,旅游目的地可能吸引外来人口迁入,寻求就业机会,从而改变当地的人口构成。另一方面,旅游业可能促使当地居民从事与旅游相关的职业,如导游、酒店员工等,导致就业结构从传统行业向旅游业倾斜。这种变化可能对当地社会的稳定性、经济发展和社会关系产生深远影响。旅游活动促进了不同文化之间的交流与碰撞。一方面,旅游目的地的文化可能因此得到传播和弘扬,增强当地文化的认同感和自豪感。另一方面,外来文化的冲击也可能导致当地文化的同质化或异化,甚至可能引发文化冲突。因此,如何在旅游发展中保护和传承当地文化,成为一个重要的议题。

旅游业的发展直接影响目的地居民的生活质量。一方面,旅游业可能带动当地经济发展,提高居民收入水平,改善生活条件。另一方面,旅游活动可能带来噪声、交通拥堵、环境污染等问题,降低居民的生活满意度。此外,旅游业还可能加剧社会不平等,如贫富差距、资源分配不均等,从而对社会稳定产生负面影响。旅游活动改变了目的地社会内部和外部的关系网络。在内部,旅游业可能促使当地居民形成新的社会组织和利益团体,如旅游协会、民宿合作社等,这些组织在维护当地旅游秩序、促进旅游发展方面发挥了重要作用。在外部,旅游业加强了目的地与客源地的联系,促进了区域间的经济合作和文化交流。

(二) 旅游规划设计中的社区参与与利益共享

在旅游规划设计中,社区参与和利益共享是两个至关重要的方面。它们不仅关系到旅游目的地的可持续发展，还直接影响到当地居民的生活质量和社会稳定。

1. 社区参与的重要性及其实现途径

社区参与是指当地居民在旅游规划、开发、管理和收益分配过程中的积极参与和决策。其重要性体现在：首先，社区参与有助于增强旅游目的地的独特性和吸引力，因为当地居民的文化、传统和生活方式往往是旅游资源的重要组成部分；其次，社区参与可以提高旅游服务的质量和效率，因为当地居民更了解当地的环境和资源，能够提供更加贴心和专业的服务；最后，社区参与有助于促进旅游发展与环境保护之间的平衡，防止过度开发和资源破坏。

2. 利益共享的原则与实现机制

利益共享是指旅游发展带来的经济、社会和环境利益能够在政府、企业、当地居民和其他利益相关者之间公平分配。首先，公平性原则，即所有利益相关者都有平等获得利益的机会；其次，可持续性原则，即利益分配应有利于旅游目的地的长期可持续发展；最后，共赢性原则，即通过合作与协商实现各方利益的最大化。

四、旅游规划设计与经济学的融合

（一）经济学在旅游规划设计中的应用

经济学作为一门研究资源配置、价值创造与分配的学科，在旅游规划设计中发挥着不可或缺的作用。它提供了分析旅游市场供需关系、预测经济影响、评估投资效益以及制定合理政策与策略的理论框架和工具。经济学中的需求理论可以帮助规划者了解旅游者的消费行为和偏好。通过收集和分析旅游需求数据，如旅游者数量、停留时间、消费水平等，可以揭示旅游市场的潜在规模和结构。进一步运用经济模型，如回归分析、时间序列分析等，可以对未来旅游需求进行预测，为旅游规划提供科学依据。旅游供给涉及旅游目的地的基础设施、服务设施以及旅游资源的开发与利用。经济学中的生产理论和成本效益分析可以帮助规划者评估不同供给方案的成本与效益,从而选择最优的资源配置方式。此外,通过考虑供给的弹性和替代性,规划者可以更加灵活地调整供给结构,以适应旅游市场的变化。

旅游规划往往涉及大量的投资决策,如景区开发、酒店建设、交通设施改善等。经济学中的投资理论和风险评估方法可以为这些决策提供指导。通过计算投资回报率、净现值、内部收益率等指标,规划者可以评估不同投资项目的经济效益和风险水平,从而做出明智的投资决策。经济学在旅游政策与策略制定中发挥着重要作用。通过运用税收、补贴、价格调控等经济手段,政府可以引导旅游市场的健康发展。此外,经济学还可以帮助政府评估不同政策与策略对旅游市场的影响,为政策调整提供依据。例如,通过实施差别化税收政策,可以促进旅游资源的合理利用和保护;通过制定旅游发展规划和战略,可以推动旅游产业的升级和转型。

(二)旅游产业的经济分析与评估

旅游产业作为全球经济的重要组成部分,对经济增长、就业创造和外汇收入等方面具有显著贡献。对旅游产业进行经济分析与评估,有助于深入了解其经济特征、影响及潜力,为政策制定和产业发展提供科学依据。

旅游产业涉及交通、住宿、餐饮、游览、购物和娱乐等多个领域,是一个综合性的经济体系。这种综合性使得旅游产业对其他产业具有较强的关联效应和带动效应。旅游产业易受外部经济、政治、社会和环境等因素的影响,如经济波动、政策变化、自然灾害等。这些因素的变化可能导致旅游需求的波动,进而影响旅游产业的经营和发展。旅游需求往往呈现出明显的季节性特征,如旺季和淡季之分。这种季节性使得旅游产业的资源配置和经营管理面临一定的挑战。

旅游产业通过创造就业、增加收入、促进消费和投资等方式,对经济增长产生积极贡献。旅游产业的发展可以带动相关产业的繁荣,形成产业链和产业集群,进一步推动经济增长。旅游产业是一个劳动密集型产业,能够提供大量的就业机会。从导游、酒店员工到景区管理人员等,旅游产业为不同技能和学历的劳动者提供了广泛的就业空间。对于许多国家和地区来说，旅游是赚取外汇的重要途径之一。通过吸引国际游客，旅游产业可以为国家带来可观的外汇收入，用于支持经济发展和改善国际收支状况。

第二章　旅游资源概述与分类

第一节　旅游资源的定义与特点

一、旅游资源的定义

（一）旅游资源的含义

旅游资源，作为旅游活动的核心要素，是吸引旅游者产生旅游动机，并直接用于欣赏、消遣的对象或因素。它不仅是旅游业赖以生存和发展的物质基础，更是旅游目的地吸引力的重要来源。

旅游资源的本质属性在于其对旅游者的吸引力。这种吸引力可能来源于自然环境的奇特景观，如壮丽的山川、神秘的森林；也可能来源于人类文化的深厚底蕴，如古老的遗址、独特的民俗。无论是自然还是人文，这些资源都具备一种能够激发旅游者旅游动机的特质，即旅游吸引力。旅游资源的价值主要体现在其能够满足旅游者的审美、求知、体验等多元化需求。旅游者通过观赏自然风光、品味历史文化、参与民俗活动等方式，获得身心的愉悦和精神满足。这种价值体现不仅要求旅游资源本身具备高品质，还需要通过合理的开发和利用，将其转化为具有市场竞争力的旅游产品。

旅游资源的可开发性是指其能够被有效转化为旅游产品，并在市场上实现经济价值的能力。这要求旅游资源不仅具备吸引力，还需要具备可进入性、可停留性、可体验性等条件。同时，旅游资源的开发还需要考虑环境保护、文化传承等可持续发展因素，确保资源的永续利用。旅游资源的含义并非一成不变，而是随着时代的发展和旅游者需求的变化而不断演变。一些传统的旅游资源可能逐渐失去吸引力，而一些新的、具有创新性的旅游资源则可能崭露头角。因此，对旅游资源的理解和定义需要保持动态性和前瞻性。

（二）旅游资源与其他资源的区分

1. 定义与属性差异

旅游资源主要是指那些能对旅游者产生吸引力，具有旅游开发利用价值，并可以产生社会效益、经济效益和环境效益的各种事物和因素。其核心属性在于其吸引力、可利用性和效益性。而其他资源，如矿产资源、水资源、森林资源等，虽然也具有利用价值和效益性，但它们的吸引力主要面向的是特定领域的需求，而非旅游者的休闲与探索需求。

2. 利用方式与目的不同

旅游资源主要是通过开发、规划和营销等手段，将其转化为旅游产品，满足旅游者的审美、文化、娱乐和体验等多元化需求。其目的在于推动旅游业的发展，提升目的地的经济、社会和环境效益。而其他资源的利用则主要是为了满足人类在生产、生活等方面的物质需求，如矿产资源的开采用于工业生产，水资源的利用满足农业灌溉和城市供水等。

3. 价值评估与衡量标准的差异

旅游资源的价值评估主要基于其吸引力、独特性、历史文化内涵、生态环境质量等因素。这些因素共同构成了旅游资源的综合价值，决定了其在旅游市场中的竞争力和发展潜力。而其他资源的价值评估则主要依据其储量、品位、开采条件等物质属性，以及其在国民经济和社会发展中的重要性。

4. 开发与保护的平衡点不同

在旅游资源的开发中，保护是前提和基础。旅游资源的开发必须遵循可持续发展的原则，确保在满足旅游者需求的同时，不损害资源的生态环境和历史文化价值。而其他资源的开发则更多地关注其经济效益和物质产出的最大化，尽管现在也越来越重视环境保护和可持续发展，但其核心目标仍然与旅游资源有所不同。

5. 市场需求与动态性的差异

旅游资源的市场需求受旅游者偏好、社会经济状况、文化背景等多种因素影响具有较大的弹性和多样性。因此，旅游资源的开发需要密切关注市场动态，灵活调整产品策略和营销策略。而其他资源的市场需求则相对稳定，受外部因素的影响较小。同时，旅游资源具有更强的动态性，需要不断创新和更新以保持其吸引力；而其他资源则相对稳定，变化较慢。

二、旅游资源的特点

（一）永久性与可再生性

1. 永久性特点

旅游资源的永久性主要体现在其存在的长期性和稳定性。许多自然旅游资源，其存在的时间尺度远超人类历史。这些自然资源的永久性为旅游业提供了持续的物质基础，使得旅游者能够在不同的时间和空间维度上欣赏到相似的自然景观。此外，一些人文旅游资源也具有永久性特点。例如，历史遗迹、文化古迹等是人类社会长期发展的见证，它们承载着丰富的历史信息和文化内涵。

2. 可再生性特点

旅游资源的可再生性主要体现在其能够通过自然或人为的方式恢复和更新。对于自然旅游资源而言，虽然其总量有限，但在一定的条件下，它们可以通过自然演替和生态恢复等过程实现更新。例如，森林、草原等生态系统在受到干扰后，能够通过自我修复机制逐渐恢复原有的结构和功能。对于人文旅游资源而言，其可再生性主要体现在人类社会的创造力和文化传承上。人类社会在不断发展进步，新的文化现象和艺术作品不断涌现，为旅游业提供了新的吸引物。同时，传统的文化和习俗也可以通过传承和创新得以延续和发展，为旅游业注入新的活力。需要指出的是，旅游资源的可再生性并不意味着它们是无限的或可以任意消耗的。在旅游资源的开发利用过程中，必须遵循可持续发展的原则，确保资源的可再生速度不受过度开发的影响。否则，一旦超过资源的承载能力，就会导致资源的退化和枯竭，进而威胁到旅游业的可持续发展。

（二）非消耗性与可重复使用性

1. 非消耗性特点

旅游资源的非消耗性，指的是在旅游活动中，旅游者对旅游资源的欣赏、体验和享受，并不会导致资源本身的减少或消失。这一特点主要源于旅游资源的非物质性，即旅游者消费的是景观、文化、体验等非物质形态的产品，而非资源本身。对于自然旅游资源而言，如山水风光、自然奇观等，旅游者的观赏并不会改变其本质属性和存在状态。同样，对于人文旅游资源，如历史遗迹、民俗风情等，旅游者的参与和体验也不会消耗其历史文化价值。非消耗性特点使得旅游资源具有持久的吸引力，能够反复为旅游者提供满足需求的旅游产品。这也为旅游业的持续发展提供了物质基础。

2. 可重复使用性特点

旅游资源的可重复使用性，是指在旅游活动中，同一旅游资源可以在不同时间、不同空间被不同的旅游者反复使用，而不会降低其使用价值或吸引力。这一特点使得旅游资源具有高度的共享性和循环利用性。在旅游资源的开发利用过程中，通过合理的规划和设计，可以确保旅游资源的可持续利用。例如，通过限制游客数量、实施分时游览等措施，可以减轻旅游活动对资源的压力，避免资源的过度使用和破坏。同时，通过科学的保护和修复措施，可以延长旅游资源的使用寿命，确保其长期为旅游业服务。可重复使用性特点使得旅游资源具有高效益性，能够在满足旅游者需求的同时，实现资源的最大化利用。这也为旅游业的经济发展提供了重要支撑。

（三）存在的永续性与景观的非凡性

1. 存在的永续性

存在的永续性是指旅游资源在时间维度上的持久存在和稳定延续。这一特性主要源于旅游资源的自然属性和人文属性。自然旅游资源，如山川、河流、湖泊等，是地球长期演化的产物，具有天然的永续性。人文旅游资源，如历史遗迹、文化古迹、民俗风情等，是人类社会长期发展的见证和传承，虽然可能会受到自然或人为因素的破坏，但只要得到适当的保护和修复，就能长期存在并继续为旅游业服务。存在的永续性为旅游业提供了持续的物质基础和文化支撑。旅游者能够在不同的时间和空间维度上欣赏到相似的自然景观和人文景观，满足其探索未知、体验异域文化的需求。同时，存在的永续性也要求旅游业在开发利用旅游资源时，必须遵循可持续发展的原则，确保资源的永续利用和生态平衡。

2. 景观的非凡性

景观的非凡性是指旅游资源在视觉、感知和审美等方面具有独特性和吸引力。这一特性主要源于旅游资源的自然奇观、人文瑰宝和地域特色。自然旅游资源中的壮观山川、奇特地貌、珍稀动植物等，以其独特的自然景观吸引着旅游者的目光。人文旅游资源中的历史遗迹、文化古迹、民俗风情等，以其深厚的历史文化底蕴和独特的地域特色吸引着旅游者的探索。景观的非凡性是旅游资源吸引力的重要来源，也是旅游业竞争力的核心要素。旅游者往往被具有非凡性的景观所吸引，产生强烈的旅游动机和探索欲望。因此，在旅游资源的开发利用过程中，应充分挖掘和展示资源的非凡性，打造具有独特魅力和吸引力的旅游产品，提升旅游目的地的竞争力和吸引力。

（四）吸引力的定向性与空间性

1. 吸引力的定向性

吸引力的定向性是指旅游资源对不同旅游者群体具有不同的吸引力方向和强度。这一特性主要源于旅游资源的特色、品质以及旅游者的兴趣、偏好和需求差异。不同的旅游资源具有不同的主题、风格和内涵，吸引着具有不同旅游动机和需求的旅游者。例如，自然旅游资源中的山水风光、海滨沙滩等吸引着追求自然体验和休闲度假的旅游者；人文旅游资源中的历史遗迹、文化古迹等吸引着追求文化探索和教育学习的旅游者。吸引力的定向性要求旅游业在开发和规划旅游资源时，必须进行深入的市场调研和旅游者行为分析，准确把握不同旅游者群体的需求和偏好，有针对性地设计和开发旅游产品，提高旅游资源的吸引力和市场竞争力。同时，吸引力的定向性也要求旅游业在营销和推广过程中，注重目标市场的细分和定位，实现精准营销和有效传播。

2. 吸引力的空间性

吸引力的空间性是指旅游资源在地理空间上的分布和配置对旅游者产生的吸引力影响。这一特性主要源于旅游资源的地理位置、可达性以及周边环境的差异。旅游资源的地理位置和可达性直接影响着旅游者的出行成本和便捷程度，进而影响着旅游资源的吸引力。同时，旅游资源所处的周边环境，如自然景观、社会环境、文化氛围等，也会对旅游者的旅游体验和满意度产生影响。吸引力的空间性要求旅游业在开发和规划旅游资源时，必须充分考虑资源的地理空间分布和配置，优化旅游线路和交通网络，提高旅游资源的可达性和便捷性。同时，注重与周边环境的协调与融合，打造具有地域特色和文化内涵的旅游目的地，以提升旅游者的整体旅游体验和满意度。

第二节　旅游资源的分类与评价

一、旅游资源的分类

（一）自然旅游资源

自然旅游资源是构成旅游活动核心要素的重要组成部分，其独特的自然景观和原始生态环境为旅游者提供了探索自然、体验野趣和放松身心的机会。

自然旅游资源指的是自然界中客观存在的，具有旅游吸引力，并能为旅游业所开发利用的自然物质和自然现象。它们是在地球长期演化过程中自然形成的，具有天然性、永续性、非凡性和地域性等特点。自然旅游资源不仅为旅游者提供了丰富多彩的视觉享受，还满足了其对于自然奥秘的好奇心和探索欲望。

第一，地貌景观资源。地貌是地球表面各种形态的总称，包括山地、高原、平原、盆地和丘陵等。地貌景观资源以其奇特的地貌形态和壮丽的自然景观吸引着旅游者。例如，雄伟的山脉、奇特的喀斯特地貌、广袤的沙漠等都具有独特的旅游吸引力。

第二，水体景观资源。水体是自然界中广泛存在的物质，包括河流、湖泊、瀑布、海洋等。水体景观资源以其清澈的水质、优美的形态和宁静的氛围吸引着旅游者。例如，壮观的瀑布、美丽的海滨沙滩、宁静的湖泊等都是水体景观资源的典型代表。

第三，气候与天象景观资源。气候是指一个地区长期的大气状态，而天象则是指天空中的各种自然现象。气候与天象景观资源以其独特的气候条件和壮观的天象景观吸引着旅游者。例如，四季分明的温带气候、迷人的极光现象、壮观的云海日出等都是气候与天象景观资源的魅力所在。

第四，生物景观资源。生物是自然界中最重要的组成部分之一，包括植物、动物和微生物等。生物景观资源以其丰富的生物多样性和独特的生态系统吸引着旅游者。例如，热带雨林中的奇特植物、野生动物保护区中的珍稀动物等都是生物景观资源的亮点。

（二）人文旅游资源

人文旅游资源是旅游资源中不可或缺的重要组成部分，与人类文化、历史和社会活动紧密相连。它们是人类文明和智慧的结晶，为旅游者提供了了解历史、感受文化、体验生活的独特机会。人文旅游资源是具有旅游吸引力，并能为旅游业所开发利用的各种物质与非物质遗产。它们是人类在长期历史发展过程中创造和遗留下来的，具有文化性、历史性、艺术性和社会性等特点。人文旅游资源不仅丰富了旅游产品的内涵，还提升了旅游目的地的文化品位和吸引力。

第一，历史遗迹资源。历史遗迹是人类历史发展过程中遗留下来的物质证据，包括古遗址、古建筑、古墓葬等。它们记录了人类文明的演进历程，见证了历史的沧桑巨变，具有极高的历史价值和文化意义。例如，古埃及的金字塔、中国的长城等都是世界闻名的历史遗迹。

第二，文化古迹资源。文化古迹是人类在文化艺术领域创造的杰出成就，包括雕塑、绘画、书法、音乐等。它们是人类智慧和创造力的结晶，体现了不同民族和地区的文化特色和艺术风格。例如，意大利的文艺复兴艺术、印度的佛教艺术等都是世界文化宝库中的瑰宝。

第三，民俗风情资源。民俗风情是特定民族或地区在长期历史发展过程中形成的独特生活习惯、社会风俗和文化传统。它们以丰富多彩的形式和内容展现着不同民族和地区的文化魅力，为旅游者提供了深入了解当地文化的机会。例如，中国的春节、印度的哈莉节等都是具有浓郁民俗风情的节日活动。

第四，现代人造设施资源。现代人造设施是人类为满足现代生活需求而创造的各种建筑物和设施，包括城市景观、主题公园、博物馆等。它们以现代科技和设计理念为支撑，展示了人类社会的现代文明成果和创新精神。例如，法国的埃菲尔铁塔、美国的迪士尼乐园等都是具有代表性的现代人造设施。

（三）社会旅游资源

社会旅游资源是旅游资源体系中一个独特且重要的组成部分，它主要涉及人类社会中的各种活动、事件以及由此产生的社会现象。这些资源为旅游者提供了一种深入了解当地社会文化、生活方式和现代社会动态的窗口。社会旅游资源指的是在人类社会活动中产生的，具有旅游吸引力，并能为旅游业所开发利用的各种社会现象和活动。这些资源通常是非物质的，与人类社会的组织结构、生活方式、文化传统以及现代社会的发展动态紧密相连。它们具有动态性、参与性、体验性和文化性等特点，能够为旅游者提供独特且丰富的旅游体验。

第一，节庆活动资源。节庆活动是特定民族或地区为庆祝重要事件、纪念历史人物或展示传统文化而举行的各种仪式和庆典。这些活动通常具有浓厚的民俗风情和文化内涵，能够吸引大量旅游者参与和体验。例如，中国的春节、西班牙的斗牛节等都是具有世界知名度的节庆活动。

第二，特色手工艺品资源。特色手工艺品是特定地区或民族在长期历史发展过程中形成的独特手工技艺和产品。它们以精湛的工艺、独特的设计和丰富的文化内涵吸引着旅游者的目光。通过购买和收藏这些手工艺品，旅游者可以深入了解当地的文化传统和民俗风情。

第三，美食文化资源。美食文化是人类社会饮食活动中形成的独特文化现象，包括烹饪技艺、食材选择、餐桌礼仪等方面。不同地区和民族的美食文化具有鲜明的特色和风味，能够满足旅游者的味蕾需求和文化探索欲望。通过品尝当地美食，旅游者可以更深入地了解当地的生活方式和文化传统。

二、旅游资源的评价

（一）旅游资源评价的原则

1. 科学性原则

科学性原则是旅游资源评价中的基石，它要求评价过程必须严格遵循科学理论和方法，确保整个评价流程的科学性和准确性。数据来源的可靠性是评价科学性的重要保障，必须确保所采集的数据真实可信、准确无误。同时，评价标准的客观性也是科学性原则的核心要求之一，评价标准应客观公正，不受主观因素和利益干扰。此外，评价者必须具备扎实的专业知识和丰富的实践经验，能够准确识别和评估旅游资源的特征和价值，确保评价结果的权威性和可信度。

2. 系统性原则

系统性原则在旅游资源评价中占据着举足轻重的地位。这一原则强调评价工作必须全面、综合地考虑旅游资源的各个要素，包括但不限于资源的质量高低、数量多少、空间分布、景观特色以及开发条件等。评价过程应该构建成一个结构严谨、逻辑清晰的完整体系，以确保评价结果的全面性和客观性。遵循系统性原则，评价者就能够避免片面和主观的评价，从而更加准确地把握旅游资源的整体价值和潜力，为资源的科学开发和合理利用提供坚实依据。

3. 实用性原则

实用性原则是旅游资源评价中不可或缺的重要指导原则。它要求评价结果不仅要有理论价值，更要具备实际应用价值，能够直接为旅游资源的开发、保护和利用提供具体、可行的指导建议。评价方法和标准应与实际工作需求紧密结合，既要科学严谨，又要简便易行，便于评价人员操作和实施。只有这样，评价结果才能真正转化为推动旅游资源可持续发展的实际动力，为旅游产业的繁荣和地方经济的发展做出积极贡献。

（二）旅游资源评价的内容与指标

1. 旅游资源评价的内容

（1）资源的质量评价

资源的质量评价是旅游资源评价中的核心内容，它着重对旅游资源的自然美景的壮观程度、历史文化的深厚底蕴、科学艺术的独特魅力等方面进行深入评估。评价中需要特别关注景观的独特性、珍稀性，这些特征是资源吸引力的重要组成部分；同时，景观的完整性和观赏价值也不容忽视，它们直接影响着游客的体验和满意度。拥有高质量的旅游资源，往往意味着更强的市场竞争力和更广阔的发展前景。

（2）资源的规模与丰度评价

资源的规模与丰度评价是衡量一个地区旅游资源潜力和发展前景的重要环节。通过评估旅游资源的数量多少、分布范围是否广泛以及集中程度的高低，可以初步判断该地区是否具备形成旅游产业集群和产生规模效应的基础条件。规模较大、分布广泛的旅游资源往往能够吸引更多的游客和投资，进而促进当地旅游产业的快速发展，提升旅游目的地的整体吸引力和市场竞争力。

（3）资源的景观特色评价

资源的景观特色评价是对旅游资源独特魅力和个性化特征进行深入剖析的重要环节。在这一评价过程中，需要全面分析旅游资源的景观类型多样性、风格独特性、景观组合协调性以及空间布局合理性等特征。具备鲜明特色和独特风格的旅游资源，往往能够给游客留下深刻的印象，产生强烈的旅游吸引力。这些特色资源在旅游市场中更容易形成品牌效应，成为旅游目的地的标志性景观，从而有效提升目的地的知名度和美誉度，为当地旅游业的持续发展注入强劲动力。

（4）资源的开发条件评价

资源的开发条件评价是旅游资源评价中不可或缺的一环，它要求评价者全面考虑旅游资源的地理位置是否优越、交通是否便捷可达、基础设施是否完善、生态环境是否具有足够的承载力以及政策法规是否支持等因素。良好的开发条件不仅能够有效降低旅游资源的开发成本，提高开发效率，还能显著提升旅游资源的可进入性和游客的可停留性，为旅游业的可持续发展奠定了坚实的基础。

2. 旅游资源评价的指标

（1）自然景观指标

自然景观指标涵盖了地形地貌的奇特度、水体景观的清澈与流动性、生物景观的多样性与珍稀性，以及气候天象的宜人与独特性。具体来说，山峰的绝对高度和相对高差，决定了其雄伟与险峻；湖泊的透明度和水色变化，映射出纯净或神秘的美感；动植物的种类丰富度和保护等级，体现了生态的宝贵；而气候的温度、降水分布及日照时长等，则直接影响到旅游活动的舒适体验。

（2）人文景观指标

人文景观指标主要围绕历史遗迹、文化古迹、民俗风情和现代设施展开评价。历史遗迹的年代久远性反映了其历史沉淀和文化底蕴的深厚程度；文化古迹的艺术价值则体现在其建筑风格、雕刻工艺和历史文化内涵等方面；

民俗活动的独特性揭示了地域文化的多样性和魅力；而现代设施的完善程度，如交通、住宿、娱乐等，则直接关系到旅游者的体验满意度和目的地的接待能力。

（3）社会经济指标

社会经济指标在旅游资源评价中占据重要地位。其中，所在地区的社会经济发展水平是判断旅游资源开发可行性和经济效益的关键，它关系到投资规模、基础设施建设和服务水平等方面。人口结构影响着客源市场的潜力和消费需求特征，如年龄、职业和收入水平等。市场需求则反映了旅游者对产品的偏好和消费趋势。此外，政策环境包括政府支持力度、法律法规和税收优惠等，都对旅游资源的开发和市场前景具有深远的影响。

（4）环境条件指标

环境条件指标涵盖了生态环境质量、自然资源保护状况以及旅游活动对环境的影响等多个层面。其中，生态环境质量的好坏直接关系到旅游目的地的吸引力和游客的满意度；自然资源保护状况则体现了对生态环境的珍视与保护，是确保旅游资源永续利用的关键；同时，旅游活动对环境的影响也不容忽视，必须采取有效措施加以控制和减少，以实现旅游与环境的和谐共生。

（三）旅游资源评价的实践应用

1. 旅游规划中的应用

在旅游规划阶段，旅游资源评价是制定规划方案的前提和基础。通过全面、系统的资源评价，可以明确旅游资源的类型、特色、价值和开发潜力，为规划者提供科学的决策依据。具体而言，评价结果有助于确定旅游发展的主题定位、功能分区、项目布局以及旅游产品的设计和开发策略。同时，资源评价还能够揭示资源之间的空间联系和互补性，为构建区域旅游合作体系和旅游线路规划提供指导。

2. 目的地营销中的应用

在旅游目的地营销中，旅游资源评价有助于目的地的形象塑造和品牌构建。通过对旅游资源的深入评价，可以挖掘目的地的核心吸引力和独特卖点，为营销策略的制定提供有力支撑。评价结果可以应用于旅游宣传资料的制作、旅游网站的建设、旅游推广活动的策划等方面，提升目的地的知名度和吸引力。此外，资源评价还能够为旅游目的地提供差异化竞争策略的依据，帮助目的地在激烈的市场竞争中脱颖而出。

3. 可持续发展中的应用

在旅游资源开发和利用过程中，可持续发展是重要原则和目标。旅游资源评价在可持续发展中发挥着关键作用。通过评价旅游资源的生态环境承载力和开发潜力，可以制定科学合理的开发策略和保护措施，确保旅游资源的永续利用。同时，资源评价还能够监测和评估旅游活动对环境的影响，为环境保护和生态修复提供科学依据。此外，在旅游资源管理中引入评价结果，有助于实现资源的优化配置和高效利用，推动旅游业的绿色发展和可持续发展。

第三节　旅游资源的分布与地域特色

一、旅游资源分布概述

（一）全球旅游资源分布特点

1. 地域差异性

全球旅游资源在地域上呈现出显著的差异性。这种差异性主要源于地球的自然地理特征、气候条件、生物多样性以及人类历史文化的多样性。例如，赤道附近的热带雨林地区拥有丰富的生物多样性，是生态旅游的重要目的地；而极地地区则因其独特的冰川、极光等自然现象吸引着探险旅游者。同样，人类历史文化也在全球范围内形成了各具特色的旅游资源，如埃及的金字塔、希腊的雅典卫城、中国的长城等。

2. 集聚性与分散性并存

全球旅游资源的分布既表现出集聚性，又体现出分散性。集聚性主要表现在某些地区或国家拥有丰富的旅游资源，形成了世界知名的旅游目的地。

例如，欧洲地中海沿岸、东南亚的泰国、马来西亚等国以及美国的夏威夷群岛等。这些地区凭借独特的自然景观、悠久的历史文化和完善的旅游设施，吸引了大量游客。然而，全球旅游资源的分布也呈现出分散性。许多具有独特价值的旅游资源分布在较为偏远或欠发达地区，如非洲的撒哈拉沙漠、南美洲的亚马孙雨林等。这些地区的旅游资源虽然具有极高的吸引力，但由于交通不便、基础设施落后等原因，其开发利用程度相对较低。

3. 跨界性与共享性

随着全球化进程的加速推进，旅游资源的跨界性与共享性日益凸显。跨界性主要表现在旅游资源跨越国界、地区界限，形成了跨国或跨地区的旅游线路和产品。例如，欧洲申根签证制度的实施，使得游客能够在多个国家之间自由流动，促进了欧洲跨国旅游的发展。此外，一些跨国界的自然或文化遗产也成为重要的旅游资源，如尼罗河、亚马孙河等跨国河流以及丝绸之路等跨国文化遗产。共享性则体现在旅游资源不仅为当地居民带来经济收益和就业机会，还为全球游客提供了丰富多样的旅游体验。通过国际旅游合作与交流，各国可以共同开发、保护和利用旅游资源，实现资源共享和互利共赢。例如，世界遗产地的保护与管理就需要国际合作与共同努力，以确保这些宝贵资源的永续利用。

4. 动态变化性

全球旅游资源的分布并非一成不变，而是随着自然环境的变化、人类活动的影响以及旅游市场需求的变化而呈现出动态变化性。例如，气候变化导致的海平面上升、极端天气事件等可能对沿海地区的旅游资源造成威胁；人类活动如城市化、工业污染等也可能对自然景观和文化遗产造成破坏。同时，旅游市场的需求变化也会影响旅游资源的开发利用程度和方式。因此，对旅游资源的动态监测和可持续管理至关重要。

（二）中国旅游资源分布格局

1. 自然地理资源的分布

中国地势西高东低，地形复杂多样，从西北的干旱沙漠到东南的湿润海岛，从北部的寒温带森林到南部的热带雨林，各种自然景观一应俱全。这种自然地理的多样性决定了中国旅游资源在地域上的广泛性和类型上的丰富性。例如，西部的高原和山地是生态旅游和自然探险的重要目的地，如青藏高原、黄土高原、云贵高原以及天山、昆仑山、秦岭等山脉。这些地区拥有独特的自然景观，如雪山、冰川、峡谷、湖泊、草原等，对游客具有极强的吸引力。东部的平原和沿海地区则是文化旅游和休闲度假的热门地区。如长江中下游平原、华北平原以及东南沿海的岛屿和海滩等。这些地区经济发达，交通便利，旅游设施完善，拥有丰富的历史文化遗产和现代化的旅游设施，能够满足不同游客的需求。

2. 历史文化遗产的分布

中国拥有五千年的文明史，历史文化遗产极为丰富。这些文化遗产在地域上呈现出明显的分布特点。黄河流域、长江流域和珠江流域是中国古代文明的发源地，也是历史文化遗产最为集中的地区。例如，黄河流域的河南、陕西、山西等地拥有众多的古都、古墓葬、古建筑和石窟艺术等文化遗产；长江流域的湖北、湖南、江苏、浙江等地则以水乡古镇、园林艺术和民俗文化等文化遗产著称；珠江流域的广东、广西等地则以岭南文化、客家文化和少数民族文化等文化遗产为特色。此外，中国的历史文化遗产还呈现出线性分布的特点。如丝绸之路、大运河、茶马古道等古代交通线路沿线，分布着众多的历史文化遗产和自然景观，形成了独具特色的文化旅游线路。

3. 民族与民俗文化的分布

中国是一个多民族国家，56个民族共同创造了丰富多彩的民俗文化。这些民俗文化在地域上呈现出明显的分布特点。如北方的汉族、满族、蒙古族等民族以农耕文化和游牧文化为主；南方的汉族、苗族、壮族等民族则以农耕文化和渔猎文化为主；西部的藏族、维吾尔族等民族则以高原文化和绿洲文化为主。这些不同的民俗文化形成了各具特色的旅游资源。如云南傣族的泼水节、贵州苗族的银饰文化、新疆维吾尔族的歌舞等，都是吸引游客的重要亮点。同时，各民族的传统手工艺品、特色美食等也成为旅游购物和美食体验的重要组成部分。

4. 现代旅游设施的分布

随着中国旅游业的快速发展，现代旅游设施的建设不断完善。这些设施在地域上呈现出与城市发展水平和经济发达程度密切相关的分布特点。如北京、上海、广州等一线城市以及东部沿海地区的旅游设施最为完善，拥有高标准的酒店、主题公园、会展中心等现代旅游设施；而西部内陆地区的旅游设施相对滞后，但近年来也在逐步改善和提升。

二、地域特色与旅游资源

（一）地域特色的概念及形成因素

1. 地域特色的概念

地域特色是指在一定的地理空间范围内，由于自然环境、历史文化、社会经济等多种因素的综合作用，形成的一种具有独特性、稳定性和传承性的地域文化现象。它是地域间相互区别的重要标志，也是地方文化软实力的重要组成部分。地域特色不仅体现在物质文化层面，如建筑风格、自然景观等，还体现在非物质文化层面，如民俗风情、方言俚语等。

2. 地域特色的形成因素

自然环境是地域特色形成的基础。地形地貌、气候条件、水文特征等自然要素对地域特色的塑造具有决定性作用。例如，江南水乡的粉墙黛瓦、小桥流水，源于其湿润的气候和密布的水网；而黄土高原的窑洞则适应了当地干燥少雨的气候和黄土直立性好的地质特点。历史文化是地域特色形成的灵魂。一个地区的历史沿革、民族分布、宗教信仰、文化传统等都会对地域特色的形成产生深远影响。例如，藏族地区的藏传佛教文化、新疆维吾尔族的伊斯兰教文化以及汉族的儒家文化等，都深刻地塑造了各自地域的文化特色。社会经济条件是地域特色形成的重要支撑。经济发展水平、产业结构、人口分布等社会经济因素直接影响地域特色的形成和发展。例如，沿海地区由于经济发达、对外开放程度高，其地域特色往往体现出较强的现代性和国际化特征；而内陆欠发达地区则更多地保留了传统的生活方式和文化习俗。人类活动是地域特色形成的重要动力。人类在长期的生产生活中，不断适应和改造自然环境，创造出丰富多彩的地域文化。例如，农耕文明孕育了重农抑商的思想观念和男耕女织的生活方式；而海洋文明则孕育了开放包容的思想观念和冒险进取的精神风貌。

（二）地域特色与旅游资源的相互关系

1. 地域特色对旅游资源的影响

地域特色是旅游资源独特性和不可替代性的重要来源。一个地区独有的自然景观、历史遗迹、民俗文化等地域特色，能够形成强大的旅游吸引力，吸引游客前来体验。例如，云南的傣族泼水节、西藏的雪域高原风光等，都因其独特的地域特色而备受游客青睐。地域特色为旅游资源注入了深厚的文化内涵。通过对地域特色的挖掘和展示，可以使游客在欣赏美景的同时，更深入地了解当地的历史文化、民俗风情等，从而提升旅游体验的深度和广度。地域特色是旅游目的地品牌形象的重要组成部分。一个具有鲜明地域特色的旅游目的地，往往能够在激烈的市场竞争中脱颖而出，形成独特的品牌效应。例如，丽江古城因其独特的纳西族文化和古城风貌而享誉全球。

2. 旅游资源对地域特色的影响

旅游资源的开发利用为地域特色的传承与发展提供了重要契机。通过旅游开发，可以将地域特色转化为经济收益，为当地的文化保护和传承提供资金支持。同时，旅游开发还可以带动相关产业的发展，如手工艺品、特色美食等，从而进一步推动地域特色的传承与发展。旅游资源的宣传推广可以显著提升地域特色的知名度和影响力。通过旅游营销、节庆活动、媒体报道等多种方式，可以将地域特色推向更广阔的市场和受众群体，使更多的人了解和关注当地的文化特色。然而，旅游资源的过度开发和不当开发也可能对地域特色产生冲击和异化风险。过度的商业化、同质化竞争以及外来文化的入侵等问题，可能导致地域特色的失真和消失。因此，在旅游开发过程中需要注重保护地域特色的原真性和完整性，实现可持续发展。

（三）不同地域类型的旅游资源特色

1. 山地地域类型的旅游资源特色

山地地域以其险峻的地势、多变的气候和丰富的生物资源而著称。山地地域往往拥有高耸入云的山峰、深邃的峡谷、瀑布、湖泊等自然景观，展现出大自然的壮美和神秘。这些原始而未经人工雕琢的自然景观，对游客具有极强的吸引力。山地地域是生物多样性的重要宝库，拥有丰富的动植物资源。从高山草甸到针叶林、阔叶林，再到热带雨林，不同的植被类型构成了丰富多彩的生态景观。同时，山地地域还是众多珍稀濒危物种的栖息地，为生态旅游和科考探险提供了得天独厚的条件。山地地域的居民在长期的生产生活中，形成了独特的山地文化。这些文化包括建筑风格、农耕方式、宗教信仰、节庆活动等，为游客提供了丰富的文化体验。例如，苗族的吊脚楼、藏族的碉楼等建筑形式，以及山地农耕文化中的梯田景观等，都是山地文化的独特魅力所在。

2. 水乡地域类型的旅游资源特色

水乡地域以其密布的水网、优美的水乡风光和丰富的水文化而著称。水乡地域拥有纵横交错的水道、星罗棋布的湖泊和池塘，以及依水而建的古镇古村。这些水乡风光构成了如诗如画的美丽画卷，给人以宁静和舒适之感。游客可以乘坐游船穿梭于水道之间，欣赏两岸的古建筑和自然风光，感受水乡的独特韵味。水乡地域的居民在长期与水共生的过程中，形成了丰富多彩的水文化。这些文化包括渔业文化、航运文化、桥梁文化等。游客可以参观古老的渔船、体验传统的捕鱼方式；也可以游览著名的古桥、了解桥梁的历史和传说；还可以品尝到水乡特色的美食，如鱼、虾等水产品。

3. 草原地域类型的旅游资源特色

草原地域以其辽阔的草原、独特的草原生态和浓郁的游牧文化而著称。草原地域拥有广袤无垠的草原，绿草如茵、牛羊成群。这种辽阔而壮美的自然风光给人以宽广的胸怀和豪迈的情怀。游客可以在草原上骑马奔驰、观赏日出日落；也可以参加传统的那达慕大会等节庆活动，感受草原的独特魅力。

草原地域的居民在长期游牧生活中形成了独特的游牧文化。游客可以深入了解游牧民族的生活方式、宗教信仰和节庆活动等；还可以品尝到草原特色的美食，如烤全羊、奶酪等；还可以亲身体验骑马、射箭等传统游牧技能。

4. 海滨地域类型的旅游资源特色

海滨地域以其优美的海滨风光、丰富的海洋资源和独特的海洋文化而著称。海滨地域拥有金色的沙滩、清澈的海水、美丽的珊瑚礁等自然景观。这些优美的海滨风光给人以宜人的休闲环境，是理想的度假胜地。游客可以在沙滩上晒太阳、玩沙戏水；也可以潜入海底观赏珊瑚礁和海洋生物；还可以参加各种海上运动项目，如冲浪、帆板等。海滨地域的居民在长期与海共生的过程中形成了独特的海洋文化。这些文化包括海洋捕捞文化、航海文化、海洋节庆活动等。游客可以参观古老的渔船和渔村；也可以了解航海历史和传说；还可以参加各种海洋节庆活动，如渔民节、海祭等；品尝到各种海鲜美食也是海滨旅游的一大特色。

第三章　旅游市场需求与分析

第一节　旅游市场的构成与特点

一、旅游市场的构成

（一）旅游需求市场

旅游需求市场是构成旅游市场的重要组成部分，它涉及旅游消费者的行为、偏好、动机以及影响这些因素的外部环境。

1. 旅游需求市场的主体：旅游消费者

旅游消费者是构成旅游需求市场的基石，他们的多样性和复杂性为市场增添了丰富的色彩。来自不同社会阶层、拥有各异经济实力的消费者，带着各自独特的文化背景汇聚在旅游市场中。这些因素综合影响着他们的旅游选择、品味偏好以及消费习惯。为了更好地理解和满足这些需求，市场常按年龄、收入、教育程度、职业和旅游目的等维度将消费者细分为不同的群体。每个群体都有其鲜明的需求特征和独特的消费行为模式，对旅游产品和服务提出各具特色的要求。

2. 旅游需求的动机与类型

旅游需求的产生源于人们的内心动机，这些动机可以分为四类：生理动机、文化动机、人际交往动机和地位与声望动机。生理动机包括休息、放松、锻炼和娱乐等；文化动机涉及探索、学习、体验和欣赏异地文化；人际交往动机则与结交朋友、增进亲情和友情有关；地位与声望动机则关联到旅游者的社会地位和形象展示。基于这些动机，旅游需求可以进一步划分为不同的类型，如观光旅游、度假旅游、商务旅游、文化旅游、生态旅游等。每种类型的旅游需求都有其特定的市场定位和消费群体。

3. 影响旅游需求的因素

旅游需求的形成和变化受到多种因素的影响，这些因素可以分为内部因素和外部因素。内部因素主要包括旅游消费者的个性、价值观、生活方式等；外部因素则包括经济环境、政治环境、社会环境、技术环境和自然环境等。经济环境是影响旅游需求的重要因素，包括消费者的收入水平、消费观念、货币汇率等。政治环境则涉及政策法规、国际关系等，这些因素可能影响旅游者的出行安全和便利性。社会环境主要指旅游目的地的社会文化环境，包括当地的风俗习惯、宗教信仰、社会治安等。技术环境则与旅游服务的技术创新和应用有关，如在线旅游平台的发展、智能旅游的应用等。自然环境则关联到旅游目的地的自然资源和生态环境，如气候条件、自然景观等。

4. 旅游需求市场的特点与趋势

随着消费者需求的多样化发展，旅游需求市场呈现出越来越明显的多样化和个性化特点。随着消费者对旅游品质要求的提高，旅游需求市场逐渐向品质化和高端化方向发展。旅游者更加注重旅游产品的品质、服务质量和舒适度等方面。随着互联网技术的发展和应用，旅游需求市场呈现出数字化和智能化的趋势。游客越来越依赖在线旅游平台进行信息查询、产品预订和支付等操作，同时也希望获得更加智能化和个性化的旅游服务。随着全球环境问题的日益严峻，可持续旅游和环保旅游逐渐成为旅游需求市场的重要发展方向。游客越来越关注旅游活动对环境的影响，并选择更加环保和可持续的旅游方式。

（二）旅游供给市场

旅游供给市场是旅游市场的重要组成部分，它涵盖了旅游资源的开发、旅游产品的设计与提供、旅游服务的完善以及旅游设施的建设等多个方面。

1. 旅游资源的开发与利用

旅游资源是旅游供给市场的基础。它们包括自然旅游资源（如山水、湖泊、海洋等）和人文旅游资源（如历史遗迹、民俗文化、艺术表演等）。旅游资源的开发与利用需要遵循可持续性原则，确保资源的长期利用和生态平衡。同时，开发过程中还需要考虑资源的独特性、吸引力和可进入性等因素，以提高旅游资源的市场竞争力。

2. 旅游产品的设计与创新

旅游产品是旅游供给市场的核心。旅游产品的设计需要满足旅游者的多样化需求，包括观光、休闲、度假、探险、文化体验等。随着旅游市场的不断发展，旅游产品也需要不断创新，以吸引更多的旅游者。创新可以体现在产品主题、活动内容、服务质量等方面，通过提供独特、新颖和有吸引力的旅游产品，增强旅游供给市场的竞争力。

3. 旅游服务的完善与提升

旅游服务是旅游供给市场的重要组成部分。它包括旅游接待、导游服务、住宿餐饮、交通运输等多个方面。完善的旅游服务可以提升旅游者的满意度和忠诚度，进而促进旅游市场的持续发展。因此，旅游服务提供者需要注重服务质量的提升，包括提高服务人员的专业素质、优化服务流程、提供个性化服务等。同时，还需要关注旅游者的需求和反馈，及时改进服务中存在的问题。

4. 旅游设施的建设与维护

旅游设施是旅游供给市场的基础保障。它包括旅游交通设施、住宿设施、游览设施等。这些设施的建设需要符合旅游者的使用需求和习惯，同时也要考虑设施的安全性、舒适性和便利性。设施的维护同样重要，定期的维护和保养可以确保设施的正常运行和使用寿命，为旅游者提供良好的旅游环境。

5. 旅游供给市场的特点与趋势

随着旅游市场的不断发展，旅游供给市场呈现出多元化和专业化的特点。不同类型的旅游资源和产品不断涌现，满足了旅游者的多样化需求。同时，一些专业的旅游服务机构和设施逐渐兴起，也为旅游者提供更加专业和优质的服务。科技的发展对旅游供给市场产生了深远的影响。互联网、大数据、人工智能等技术的应用使得旅游产品的设计和推广更加精准和高效。同时，智能化的旅游设施和服务也逐渐普及，为旅游者提供更加便捷和舒适的旅游体验。可持续旅游和环保已经成为全球旅游发展的重要趋势。在旅游供给市场中，越来越多的旅游资源和产品开始注重环保和可持续发展。例如，生态旅游、绿色酒店等环保型旅游产品逐渐受到旅游者的青睐。同时，一些旅游目的地也开始采取措施减少旅游对环境的影响，实现旅游与环境的和谐发展。

（三）旅游中介市场

旅游中介市场是连接旅游供给与需求市场的桥梁和纽带，扮演着至关重要的角色。在现代旅游业中，旅游中介包括旅行社、在线旅游平台、旅游咨询公司等多种形式，它们通过提供各种服务和信息，促进旅游产品的销售和旅游活动的顺利进行。

1. 旅游中介市场的功能与角色

旅游中介在市场中发挥着多重功能，其中最为核心的是信息传递和交易促成。它们收集和整理各种旅游信息，如目的地的景点、住宿条件、交通情况等，并将这些信息传递给潜在的旅游者，帮助他们做出决策。此外，旅游中介还通过提供预订和购票服务、旅游保险、签证协助等附加服务，简化旅游者的行程规划过程，降低旅行风险。

2. 旅游中介市场的类型与特点

根据服务对象和业务范围的不同，旅游中介市场可以分为传统旅行社和在线旅游平台两大类。传统旅行社通常拥有实体门店和固定的经营场所，提供面对面的咨询服务和个性化的行程定制服务。而在线旅游平台则借助互联网技术，通过网站或移动应用提供在线预订、比较价格和读取用户评价等功能，具有便捷性、实时性和互动性等优势。

3. 旅游中介市场的影响与挑战

旅游中介的存在大大提高了旅游市场的运作效率。它们通过专业化的分工和协作，降低了交易成本，提高了资源配置的合理性。此外，旅游中介还通过市场营销和宣传推广活动，提升了旅游目的地的知名度和吸引力，推动了旅游业的整体发展。

随着互联网技术的快速发展和旅游者消费行为的转变，旅游中介市场面临着多方面的挑战。首先，在线旅游平台的兴起对传统旅行社构成了竞争压力，要求其进行业务创新和服务升级。其次，旅游者对于个性化和定制化的需求不断增加，对旅游中介的专业能力和服务品质提出了更高的要求。最后，信息不对称和市场诚信问题也是制约旅游中介市场发展的重要因素之一。

二、旅游市场的特点

（一）旅游市场的全球性

旅游市场的全球性是指旅游活动不再局限于某一地区或国家，而是跨越国界，在全球范围内进行。这一特点的形成和发展，是经济全球化、科技进步、文化交流等多方面因素共同作用的结果。

1. 经济全球化的推动

经济全球化使得资本、技术、信息等生产要素在全球范围内自由流动和优化配置，促进了各国经济的相互依存和融合。在这一背景下，旅游业作为全球经济的重要组成部分，也呈现出全球化的趋势。各国纷纷开放旅游市场，吸引外资进入，推动旅游产业的国际化发展。同时，跨国旅游企业的兴起和扩张，也加速了旅游市场的全球化进程。

2. 科技进步的支撑

科技进步为旅游市场的全球化提供了有力的支撑。交通运输技术的发展，使得跨国旅游更加便捷和快速；信息技术的革新，使得旅游信息的获取和传播更加广泛和高效。互联网、移动通信、大数据等技术的应用，不仅方便了旅游者的行程规划和预订，还促进了旅游产品和服务的创新和升级。这些技术的进步，打破了地域限制，使得旅游市场在全球范围内得以拓展和深化。

3. 文化交流的促进

文化交流是旅游市场全球化的重要推动力量。旅游不仅是一种经济活动，更是一种文化活动。旅游者通过跨国旅游，可以深入了解不同国家和地区的文化传统、风俗习惯、历史遗迹等，增进相互之间的了解和友谊。这种文化交流，有助于消除偏见和误解，促进世界和平与发展。同时，各国也通过举办各种文化旅游活动，吸引外国旅游者前来参观游览，推动旅游市场的全球化发展。

（二）旅游市场的季节性

旅游市场的季节性是指旅游需求、旅游活动以及相关的旅游服务和产业在一年中呈现出明显的不均衡分布，通常会在某些时段达到高峰，而在其他时段则相对冷清。这一现象是由多种因素共同作用的结果，对旅游业的规划、运营和管理具有重要影响。

1. 气候与自然环境的影响

气候和自然环境是旅游市场季节性特点形成的基础因素。许多旅游目的地的吸引力与其独特的气候条件或自然风光密切相关，如海滨度假胜地、山区滑雪胜地等。这些目的地通常只在特定的季节内提供理想的旅游条件，因此旅游者的到访量会随着季节的变化而波动。例如，在炎热的夏季，海滨旅游胜地会迎来大量游客；而在寒冷的冬季，滑雪胜地则成为旅游者的热门选择。

2. 节假日与休闲时间的影响

节假日和休闲时间对旅游市场季节性特点也具有重要影响。在大多数国家和地区，公众假期和学校假期通常集中在特定的几个时段，如春节、暑假、圣诞节等。在这些时段内，人们有更多的闲暇时间进行旅游活动，从而推动了旅游市场的高峰期。此外，一些特殊的纪念日或庆典活动也可能引发短期的旅游热潮。

3. 经济与社会因素的影响

经济和社会因素也是影响旅游市场季节性特点不容忽视的因素。旅游者的经济状况和消费习惯会随着季节的变化而有所不同，进而影响旅游需求。例如，在年终奖金发放或税收减免等时期，人们可能更有意愿进行旅游消费。同时，社会文化和习俗也可能对旅游市场的季节性特点产生影响。一些传统节日或庆祝活动可能会吸引大量游客前往特定目的地旅游。

（三）旅游市场的敏感性

旅游市场的敏感性是指旅游需求、旅游供给以及旅游经济活动容易受到多种外部因素的影响，进而发生快速和显著的变化。这一特点反映了旅游市场的高度复杂性和动态性。

1. 经济状况的波动

经济状况是影响旅游市场敏感性的关键因素之一。全球或区域经济危机、货币汇率波动、通货膨胀等经济事件都会迅速反映在旅游者的消费能力和出游决策上。例如，当货币贬值时，出境旅游的成本增加，可能会抑制一部分旅游者的出国旅游意愿。反之，经济繁荣时期，人们的可支配收入增加，旅游需求也随之增长。

2. 自然与环境灾害的冲击

自然灾害（如地震、海啸、洪水、火山爆发等）和环境问题（如空气污染、水污染等）往往对旅游目的地的吸引力造成重大冲击。这些灾害和问题的发生不仅会破坏旅游基础设施和服务，还会危及旅游者的安全和健康，从而导致旅游市场的迅速萎缩。

3. 社会与文化因素的变动

社会文化的变革、流行病的暴发、恐怖袭击等社会事件也会对旅游市场产生深远的影响。例如，某种新型流行病的暴发可能导致全球范围内的旅行限制和旅游禁令，使得旅游需求骤降。同样，目的地社会的稳定性和友善程度、文化差异等也会影响到旅游者的目的地选择。

4. 旅游市场敏感性的影响与应对

旅游市场的敏感性特点对旅游业的发展和管理提出了更高要求。为应对各种外部冲击，旅游目的地和企业需要建立完善的危机管理机制，提高风险预测和应对能力。同时，还需要加强与政府、国际组织等的合作，共同应对全球性的挑战。在市场营销策略上，也需要更加灵活和多变，以适应不断变化的市场需求。

第二节　旅游市场需求的调查与分析方法

一、旅游市场需求的调查方法

（一）问卷调查法

在旅游市场需求的调查中，问卷调查法作为一种常用且有效的数据收集手段，被广泛应用于获取旅游者的消费习惯、偏好、满意度以及潜在需求等信息。

1. 问卷调查法的基本概念与特点

一是标准化，问卷设计遵循一定的结构和格式，确保每个被调查者都回答相同的问题，以便于数据的比较和分析。二是广泛性，通过邮寄、电子邮件、网络调查等方式，可以覆盖更广泛的被调查者群体，获取更具代表性的数据。三是经济性，相较其他调查方法，问卷调查法可以在较短的时间内收集大量数据，节省人力、物力和时间成本。四是匿名性，问卷调查法可以保护被调查者的隐私，减少其回答时的顾虑，提高数据的真实性。

2. 问卷调查法在旅游市场需求调查中的应用步骤

根据调查目的和内容，设计包含封闭式问题（如选择题）和开放式问题（如填空题、简答题）的问卷。问题设置应简洁明了，避免引导性和模糊性。确定调查对象的选择标准和抽样方法，确保样本的代表性。在旅游市场需求调查中，可以根据旅游者的年龄、性别、收入、教育水平等特征进行分层抽样。通过邮寄问卷、在线调查平台、面对面访谈等方式收集数据。在数据收集过程中，应注意保持与被调查者的沟通，确保问卷的回收率和数据质量。对收集到的数据进行整理、编码和录入，运用统计软件对数据进行描述性分析、相关性分析和回归分析等，以揭示旅游市场需求的特征和规律。

3. 问卷调查法在旅游市场需求调查中的优势与局限性

问卷调查法具有标准化、广泛性、经济性和匿名性等优点，能够快速、有效地收集大量旅游市场需求数据，为旅游目的地和企业的决策提供了有力支撑。但问卷调查法可能存在样本选择偏差、回答不真实或遗漏等问题。此外，由于问卷设计的局限性，可能无法涵盖所有相关的旅游市场需求信息。因此，在使用问卷调查法时，应结合其他调查方法进行综合分析和验证。

（二）访谈法

在旅游市场需求的调查中，访谈法作为一种重要的定性研究方法，被广泛应用于获取深入、详细的旅游者需求信息。通过与研究对象的直接对话，访谈法能够揭示旅游者的真实感受、动机和期望，为旅游产品和服务的开发提供有力支持。

1. 访谈法的基本概念与特点

访谈法是指通过与研究对象进行面对面的口头交流，以获取其关于特定主题的深入信息和观点的方法。在旅游市场需求调查中，访谈法具有以下特点：一是深入性，访谈法允许研究者与旅游者进行深入的对话，探讨其旅游需求、偏好、决策过程等方面的细节，从而获取更丰富、更真实的信息。二是灵活性，访谈法可以根据旅游者的回答和反应进行灵活调整，进一步追问或澄清问题，以确保信息的准确性和完整性。三是人际互动性，访谈法强调研究者与旅游者之间的人际互动，有助于建立信任和理解，使旅游者更愿意分享其真实想法和体验。

2. 访谈法在旅游市场需求调查中的应用步骤

在进行访谈之前，需要明确调查的目的、主题和核心问题，以确保访谈的针对性和有效性。根据调查目的和问题，选择具有代表性的旅游者作为访谈对象，以确保获取的信息具有广泛性和代表性。根据调查目的和访谈对象的特点，设计合适的访谈提纲和问题，以确保访谈的顺利进行和信息的全面收集。与旅游者进行面对面的交流，记录其回答和反应。在访谈过程中，需要注意提问方式、语气和态度，以营造轻松、愉快的交流氛围。对访谈记录进行整理、编码和分析，提取关键信息和主题，以揭示旅游者的真实需求和期望。

3. 访谈法在旅游市场需求调查中的优势与局限性

访谈法能够深入了解旅游者的真实想法和体验，获取详细、全面的需求信息。同时，它还具有灵活性、深入性和人际互动性等优点，有助于建立研究者与旅游者之间的信任和理解。但访谈法可能受到研究者主观因素的影响，如提问方式、解释和记录等。此外，访谈法的实施过程相对复杂，需要耗费较多的时间和精力。同时，由于访谈样本的有限性，其结果的推广性可能受到一定的限制。

（三）观察法

在旅游市场需求的调查中，观察法作为一种重要的数据收集方法，具有其独特的地位和价值。它通过直接观察旅游者的行为、活动和环境，获取有关其需求、偏好和消费行为的直接信息。

1. 观察法的基本概念与特点

观察法是指研究者通过直接观察研究对象的行为、活动和环境，收集有关其需求和消费行为的数据的方法。在旅游市场需求调查中，观察法具有以下特点：一是直接性，观察法允许研究者直接观察旅游者的实际行为和环境，避免了依赖被调查者的自我报告或回忆，从而获取更真实、更客观的信息。二是自然性，观察法通常在旅游者的自然环境中进行，研究者可以观察旅游者在真实情境下的行为和决策过程，有助于揭示其真实需求和偏好。三是灵活性，观察法可以根据研究需要灵活调整观察的内容、时间和地点，以适应不同的研究情境和问题。

2. 观察法在旅游市场需求调查中的应用步骤

在进行观察之前，需要明确观察的目的、主题和核心问题，以确定观察的重点和方向。根据观察目的和问题，选择具有代表性的旅游者和观察地点，以确保获取的信息具有广泛性和代表性。根据观察目的和对象的特点，设计合适的观察提纲和记录工具，如观察表、记录本等，以便于系统地记录观察信息。在预定的时间和地点进行观察，记录旅游者的行为、活动和环境信息。在观察过程中，需要保持客观、中立的态度，避免干扰旅游者的正常行为。

3. 观察法在旅游市场需求调查中的优势与局限性

观察法能够直接观察旅游者的实际行为和环境，获取真实、客观的信息。同时，它还具有自然性、灵活性和适用性广等优点，有助于揭示旅游者的真实需求和偏好。但观察法可能受到观察者主观因素的影响，如观察角度、解释和记录等。此外，观察法可能无法获取旅游者的内心想法和动机信息。同时，由于观察条件和资源的限制，其结果的全面性和代表性可能受到一定影响。

二、旅游市场需求的分析方法

（一）定性分析

1. SWOT 分析

SWOT 分析作为一种战略分析工具，在旅游市场需求分析中占有重要地位。它通过综合评估旅游目的地或旅游企业的优势（Strengths）、劣势（Weaknesses）、机会（Opportunities）和威胁（Threats），为制定有效的市场策略提供全面的视角。SWOT 分析综合考虑了旅游目的地或企业的内部和外部因素，确保分析结果的全面性和准确性。SWOT 分析将复杂的市场环境分解为四个明确的部分，即优势、劣势、机会和威胁，有助于有条理地进行分析和决策。SWOT 分析不仅关注当前的市场状况，还着眼于未来的发展趋势和潜在机会，为制定长期战略提供有力支持。

2. PEST 分析

PEST 分析是一种常用的宏观环境分析方法，通过对政治（Political）、经济（Economic）、社会（Social）和技术（Technological）四个方面的环境因素进行综合评估，帮助企业或行业了解外部环境的现状及变化趋势，从而做出相应的战略决策。在旅游市场需求分析中，PEST 分析同样具有重要的应用价值。PEST 分析关注的是宏观环境因素，这些因素通常对旅游市场的整体需求和发展趋势产生重要影响。PEST 分析涵盖了政治、经济、社会和技术四个方面的环境因素，确保了分析结果的全面性和准确性。因此，PEST 分析能够提供全面的宏观环境视角，帮助决策者深入了解影响旅游市场需求的外部因素。同时，它还具有战略性、系统性等优点，有助于制定针对性的市场策略。

（二）定量分析

1. 数据分析方法

在旅游市场研究领域，定量分析是一种重要的研究手段，它通过收集、处理和分析大量的数据，揭示旅游市场需求的数量关系、变化规律和趋势。数据分析方法作为定量分析的核心，能够帮助研究者深入、准确地了解旅游市场需求的特征和动态。

数据分析方法是一种基于数值化数据的研究手段，旨在通过统计、模型等方法挖掘数据中的信息、规律和趋势。在旅游市场需求分析中，常用的数据分析方法包括描述性统计分析、因果分析等。描述性统计分析通过计算数据的平均值、标准差、频数等指标，对旅游市场需求的数量特征、分布状况进行描述和总结。这种方法能够帮助研究者初步了解市场需求的整体情况。因果分析通过回归分析、方差分析等方法，探究旅游市场需求与各影响因素之间的因果关系。这种方法能够帮助研究者明确市场需求的主要影响因素及其作用机制。

2. 趋势预测方法

在旅游市场研究领域，趋势预测是定量分析的重要组成部分，旨在通过对历史数据的分析，揭示旅游市场需求的未来走向和潜在变化。趋势预测方法能够帮助决策者把握市场动态，制定合理的发展战略和营销计划。

趋势预测方法是一种基于历史数据的时间序列分析方法，它通过对数据的长期趋势、季节变动、循环波动和不规则变动进行分解和拟合，预测未来的发展趋势。在旅游市场需求分析中，常用的趋势预测方法包括移动平均法、指数平滑法等。移动平均法通过计算一定时期内的数据平均值，消除短期波动的影响，揭示长期趋势。这种方法简单易行，但对于包含季节性或周期性变动的数据预测效果可能不佳。指数平滑法通过对历史数据进行加权平均，赋予近期数据更大的权重，以反映市场需求的最新变化。这种方法适用于具有稳定发展趋势的数据序列。

趋势预测方法能够提供客观、准确的市场需求预测结果，帮助决策者把握市场动态和制定合理的发展战略。同时，它还具有灵活性、可重复性等优点，能够根据不同的数据特征和研究目的进行调整和优化。但趋势预测方法的应用受到数据质量和来源的限制，如果数据存在误差或不完整，将影响预测结果的准确性。此外，对于包含非线性趋势和复杂影响因素的数据序列，简单的趋势预测方法可能无法准确捕捉其内在规律。

（三）综合分析

1. 定性与定量相结合

旅游市场需求的综合分析是旅游研究领域的核心议题之一，它要求研究者全面、深入地了解市场需求的特征、动态和影响因素。为了实现这一目标，定性与定量相结合的分析方法被广泛应用于旅游市场需求的研究中。

定性分析主要通过文字描述、观察、访谈等手段，对旅游市场需求的本质特征、影响因素及其作用机制进行深入剖析。它强调对市场需求的主观理解和解释，有助于揭示市场需求的内在逻辑和复杂性。定量分析则通过数值化数据，运用统计、模型等方法，对旅游市场需求的数量关系、变化规律和趋势进行客观描述和预测。它强调数据的准确性和客观性，能够提供可验证、可重复的分析结果。

在旅游市场需求分析中，定性与定量方法各有优势，但也存在局限性。定性分析能够深入挖掘市场需求的内在逻辑和复杂性，但可能缺乏客观性和可验证性；定量分析则能够提供客观、准确的数据支持，但可能无法全面反映市场需求的多样性和动态性。因此，将两者相结合进行综合分析是必要且有益的。定性与定量相结合的综合分析方法能够充分发挥两者的优势，弥补各自的局限性。它不仅能够深入挖掘市场需求的内在逻辑和复杂性，还能够提供客观、准确的数据支持，使分析结果更具说服力和可信度。

2. 多维度数据整合

在旅游市场研究领域，多维度数据整合是综合分析旅游市场需求的重要手段。通过整合来自不同来源、不同维度的数据，研究者能够更全面、更深入地理解市场需求的复杂性、多样性和动态性。

多维度数据整合是指将来自不同渠道、不同时间节点、不同粒度的数据进行有效整合，形成一个统一、完整的数据集，以支持更深入的数据分析和挖掘。在旅游市场需求分析中，通过整合不同来源的数据，可以弥补单一数据来源的不足，减少数据误差和偏见，提高数据的全面性和准确性。多维度数据整合能够揭示不同数据之间的关联性和相互影响，有助于深入理解市场需求的内在逻辑和复杂性。通过对多维度数据的整合和分析，可以实现对旅游市场需求的更精细化划分和定位，为旅游企业和政府部门提供更有针对性的市场分析和决策支持。

第三节　旅游市场趋势的预测与应对策略

一、旅游市场趋势预测方法论

（一）定性预测方法

在旅游市场研究领域，趋势预测是制定有效市场策略的关键。其中，定性预测方法以其独特的洞察力和主观分析能力，成为预测旅游市场趋势的重要手段。

1. 定性预测方法的基本概念

定性预测方法是一种重要的市场趋势预测手段，它主要依赖于专家意见、经验判断以及主观分析来洞察市场的未来走向。与定量预测方法不同，定性预测更注重对市场现象的深入理解和解释，致力于挖掘市场变化背后的深层次原因和潜在动机。在旅游市场趋势预测中，定性预测方法的应用尤为关键，它能够帮助分析者更全面地把握市场动态，理解消费者需求和行为的变化，从而为旅游企业提供更具针对性和前瞻性的市场策略建议。

2. 定性预测方法的主要类型

（1）专家意见法

专家意见法是一种在旅游市场趋势预测中常用的方法，它通过邀请旅游市场的专家、学者或业界领袖，广泛收集他们对市场未来走向的看法和判断。这些受邀专家通常都拥有丰富的行业经验和深厚的专业知识，他们的见解和建议往往能够洞察市场的深层次动态和未来趋势。专家意见法的实施方式多样，可以通过问卷调查系统地收集意见，也可以通过深度访谈或专家会议等形式进行深入探讨和交流，从而确保预测结果的全面性和准确性。

（2）德尔菲法

德尔菲法作为一种更为系统和结构化的专家意见收集技术，在旅游市场趋势预测中发挥着独特的作用。该方法通过多轮次的问卷调查，广泛而深入地收集专家的见解和判断，并通过科学的数据处理和分析，将这些意见整合成更具共识性和可靠性的预测结果。在旅游领域，德尔菲法的应用十分广泛，它不仅可以用于评估新兴旅游目的地的发展潜力和吸引力，还可以预测各类旅游产品的市场需求和趋势，为旅游行业的战略规划和决策提供有力的支持。

（3）情景分析法

情景分析法是一种前瞻性的市场趋势预测方法，它通过对未来可能出现的多种情景进行全面描述和深入分析，以预测市场的走向。这种方法要求预测者充分考虑各种可能的影响因素和变量，如政策调整、经济波动、自然灾害等，并深入分析这些因素之间的相互作用和影响。在旅游市场趋势预测中，情景分析法的应用显得尤为重要，它可以帮助评估政策变化、自然灾害等不确定性因素对市场的影响，为旅游企业制定灵活的市场策略提供有力的支持。

3. 定性预测方法的优势与局限性

定性预测方法能够深入挖掘市场现象的内在逻辑和复杂性，揭示定量数据无法反映的信息。它灵活性强，能够适应各种不同类型和规模的市场预测需求。此外，定性预测方法还能够提供对市场变化的早期预警，帮助决策者及时调整策略。但定性预测方法的主观性较强，预测结果可能受到专家个人偏见、经验不足或信息不全等因素的影响。同时，定性预测方法难以提供精确的数值预测，使得预测结果的准确性和可靠性受到一定程度的限制。

（二）定量预测方法

在旅游市场研究领域，定量预测方法以其客观性、精确性和可验证性等特点，成为预测市场趋势的重要手段。

1. 定量预测方法的基本概念

定量预测方法是一种基于历史数据、统计模型和数学算法的市场趋势预测手段。它通过系统地收集、整理和分析大量数据，深入挖掘数据之间的内在规律和关联性，进而构建出可靠的预测模型。在旅游市场趋势预测中，定量预测方法的应用显得尤为重要。它不仅能够提供客观、准确的数据支持，减少主观臆断和盲目决策的风险，还能够帮助决策者更加科学、合理地制定市场策略，把握市场机遇，应对市场挑战。

2. 定量预测方法的主要类型

（1）时间序列分析

时间序列分析是一种重要的统计预测手段，它基于历史数据的时间序列特性进行建模。在旅游市场研究中，这种方法通过对市场历史数据的趋势、季节波动以及周期性变化等关键要素进行深入剖析，能够精准地建立时间序列模型来预测旅游市场的未来走向。其中，广泛采用的分析技巧包括移动平均法、指数平滑法以及功能强大的 ARIMA 模型等，这些技术为旅游市场的决策和规划提供了宝贵的数据支持。

（2）回归分析

回归分析，作为一种经典的统计方法，在旅游市场趋势预测中发挥着至关重要的作用。它深入探讨旅游市场需求与各类影响因素——如经济水平、社会文化、政策导向等之间的内在联系。通过精心构建的回归模型，研究者能够准确量化这些因素对市场需求的具体影响，并据此预测未来的市场动态。这种分析方式不仅增强了预测的科学性和精确性，同时也为旅游行业的发展策略提供了有力的数据支撑。

（3）机器学习模型

随着人工智能技术的持续进步，机器学习模型在旅游市场趋势预测中扮演着越来越重要的角色。这些模型能够深入挖掘历史数据中的隐藏模式和规律，进而构建出精准的预测模型，为旅游市场的未来发展提供有力指导。决策树、神经网络、支持向量机等机器学习模型的应用，不仅提高了预测的准确性和效率，也为旅游企业制定市场策略提供了科学的数据支持。

3. 定量预测方法的优势与局限性

定量预测方法能够提供客观、准确的数据支持，避免主观臆断和偏见对预测结果的影响。它能够通过数学模型和算法对历史数据进行深入挖掘和分析，揭示数据之间的内在规律和关联性，从而对未来市场变化进行更精确的预测。此外，定量预测方法还具有可验证性和可重复性等特点，使得预测结果更具说服力和可信度。但定量预测方法对历史数据的依赖性较强，如果历史数据存在误差或异常值，可能会对预测结果产生较大影响。同时，定量预测方法往往只能考虑已知的影响因素和变量，对于未知因素或突发事件的影响可能无法准确预测。此外，定量预测方法还需要较高的数学和统计知识储备，对于非专业人士来说可能存在一定的学习难度。

（三）混合方法：定性与定量相结合

在旅游市场趋势预测中，混合方法，即将定性与定量预测方法相结合，已成为一种重要的预测手段。这种方法旨在通过综合两种方法的优势，提高预测的准确性、全面性和可靠性。

1. 混合方法的基本概念与原理

混合方法，又称定性与定量相结合的方法，是指在预测过程中同时运用定性和定量两种预测方法。定性方法能够提供深入的市场洞察和理解，揭示市场变化的内在逻辑和动机；而定量方法则能够提供客观、精确的数据支持，揭示数据之间的内在规律和关联性。通过将两种方法相结合，可以相互补充、相互验证，从而提高预测的准确性和可靠性。

2. 混合方法的应用步骤

首先收集与旅游市场相关的多维度数据，包括历史数据、实时数据、专家意见等。对数据进行清洗、整理和标准化处理，确保数据的准确性和一致性。运用定性预测方法，如专家意见法、德尔菲法等，对市场趋势进行初步分析和判断。这一阶段主要依赖于专家的经验和知识，旨在揭示市场变化的深层次原因和潜在动力。运用定量预测方法，如时间序列分析、回归分析等，对历史数据进行深入挖掘和分析。将定性预测结果与定量预测结果进行整合和比较，分析两者之间的差异和一致性。通过相互验证和补充，形成最终的预测结果。这一阶段需要综合考虑两种方法的优势和局限性，确保预测结果的准确性和可靠性。

二、旅游市场应对策略

(一) 产品与服务创新

在旅游市场竞争日趋激烈的背景下，产品与服务创新成为旅游企业应对市场变化、提升竞争力的重要策略。在旅游市场中，产品与服务创新是指旅游企业通过引入新的旅游产品或服务，或对现有产品或服务进行改进和升级，以满足旅游者不断变化的需求和期望。这种创新可以包括开发新的旅游线路、景点、住宿设施，提供个性化的旅游体验，运用先进技术提升服务效率等。

随着生活水平的提高和旅游经验的积累，旅游者对旅游产品和服务的需求日益多样化、个性化。他们不再满足于传统的、标准化的旅游产品，而是追求独特、新颖、个性化的旅游体验。旅游市场的竞争日益激烈，旅游企业需要通过产品与服务创新来区别于竞争对手，吸引和留住旅游者。新技术的不断涌现和应用为旅游企业提供了创新的机会和手段。例如，大数据、人工智能等技术可以帮助旅游企业更准确地了解旅游者的需求和行为，从而推出更符合市场需求的产品和服务。

旅游企业可以通过开发新的旅游产品来满足市场的多样化需求。例如，开发具有地域特色的文化旅游产品、生态旅游产品等。对现有旅游产品进行改进和升级，提升其品质和价值。例如，对现有旅游线路进行优化，增加特色景点和活动；对住宿设施进行升级，提升舒适度和体验感。通过提供新颖、个性化的服务来提升旅游者的满意度和忠诚度。例如，提供定制化的旅游服务、智能化的客户服务等。产品与服务创新能够帮助旅游企业更好地适应市场变化，提升市场竞争力。创新的产品和服务能够吸引更多的旅游者，提高市场份额；同时，通过满足旅游者的个性化需求，提升旅游者的满意度和忠诚度，从而为旅游企业带来持续的竞争优势。

（二）营销与渠道策略

在激烈的旅游市场竞争中，有效的营销与渠道策略对于旅游企业的成功至关重要。这些策略不仅有助于提升企业的品牌知名度和市场份额，还能够更有效地满足消费者的需求，从而实现企业的盈利目标。营销策略是旅游企业为实现其营销目标而采用的一系列有计划、有组织的市场营销活动。在旅游市场中，营销策略的核心在于通过深入了解消费者需求、行为和市场趋势，设计具有吸引力的旅游产品，并通过有效的传播手段将这些产品信息传递给目标消费者。常见的营销策略包括差异化策略、成本领先策略、集中化策略等。差异化策略强调通过提供独特的产品或服务来区分自己与竞争对手；成本领先策略则注重通过降低成本来提供价格上具有竞争力的产品；集中化策略则专注于某一特定市场或消费者群体，以满足其特定需求。

渠道策略是旅游企业为实现其产品分销目标而选择的一系列分销渠道的组合。在旅游市场中，渠道策略的选择直接影响到产品的可达性、销售效率和成本控制。常见的分销渠道包括直接渠道和间接渠道。直接渠道如企业自己的官方网站、实体店等，能够直接接触到消费者，提供个性化的服务；间接渠道则通过合作伙伴如旅行社、OTA 平台等来实现产品的销售，能够扩大市场覆盖面。在渠道策略的管理上，旅游企业需要关注渠道的协调、激励和控制。协调不同渠道之间的利益关系，确保产品信息的准确性和一致性；激励渠道成员积极参与销售活动，提高销售效率；控制渠道成本，以确保企业的盈利能力。

在旅游市场中，营销与渠道策略需要紧密配合，共同服务于企业的整体战略目标。通过整合营销策略和渠道策略，旅游企业可以更有效地传递产品信息，提高市场响应速度，降低营销成本。优化营销与渠道策略的关键在于持续的市场调研和数据分析。通过收集和分析消费者反馈、市场趋势和竞争对手动态等信息，旅游企业可以及时调整其营销策略和渠道策略，以适应市场的变化。

（三）运营与管理优化

随着全球旅游业的快速发展，旅游企业面临着日益激烈的市场竞争和不断变化的消费者需求。在这一背景下，运营与管理优化成为旅游企业提升竞争力、实现可持续发展的重要策略。运营优化旨在通过改进旅游企业的内部流程和资源配置，提升运营效率和服务质量。其核心在于精细化管理、流程再造和技术创新。精细化管理强调对旅游企业各个环节的细致管理，包括产品开发、供应链管理、客户关系管理等。通过精确的数据分析和科学的决策支持，实现资源的最大化利用和成本的有效控制。流程再造对旅游企业现有的业务流程进行全面审视和重新设计，以消除浪费、提升效率。这包括简化流程、引入自动化设备、优化人员配置等。技术创新运用新技术和工具，如大数据、人工智能、物联网等，提升旅游企业的运营效率和服务水平。例如，通过智能预订系统简化客户的预订过程，通过数据分析精准预测市场趋势和消费者需求。

管理优化主要关注旅游企业的组织架构、人力资源管理、企业文化等方面的优化与提升。建立灵活、高效的组织架构，以适应快速变化的市场环境。这包括扁平化管理、跨部门协作、项目管理等模式的探索与实践。通过完善的人才选拔、培训、激励和考核机制，激发员工的积极性和创造力。同时，关注员工的职业发展和福利待遇，营造和谐的企业文化。培育积极向上、富有创新精神的企业文化，以增强员工的归属感和忠诚度。通过举办各种企业活动、制定明确的企业愿景和价值观等方式，传播和强化企业文化。

第四章　旅游目的地和旅游线路规划与设计

第一节　旅游目的地规划与设计

一、旅游目的地概述

（一）旅游目的地的定义与分类

1. 旅游目的地的定义

旅游目的地通常被定义为一个具有独特旅游资源和吸引力，能够为旅游者提供旅游体验和服务，并满足其休闲、娱乐、文化、教育等多元化需求的地域空间。这个地域空间既可以是具体的自然景观、历史遗址、城市乡村，也可以是抽象的文化体验、民俗风情等。其核心要素包括旅游资源、旅游设施、旅游服务和旅游环境，这些要素共同构成了一个完整的旅游目的地系统。

2. 旅游目的地的分类

（1）按资源类型分类

自然旅游目的地主要以自然风光和生态环境为吸引物，如山川、湖泊、海岛等；文化旅游目的地则以历史文化、民俗风情、艺术表演等为主要特色；城市旅游目的地以城市风貌、现代设施、购物娱乐等为主要吸引物；乡村旅游目的地则以田园风光、农耕文化、民俗体验等为主要内容。

（2）按空间尺度分类

国际旅游目的地通常具有国际知名的旅游资源和品牌，能够吸引来自世界各地的旅游者；国内旅游目的地则主要面向国内旅游者，提供多样化的旅游产品和服务；区域旅游目的地则是指在特定地理区域内，具有相似旅游资源和文化背景的一系列旅游地的集合。

（3）按功能定位分类

观光旅游目的地主要满足旅游者对于自然风光和人文景观的观赏需求；度假旅游目的地则提供舒适的度假环境和丰富的休闲活动，满足旅游者的休闲度假需求；专项旅游目的地则针对特定旅游者群体或特定旅游需求，提供专业化的旅游产品和服务，如生态旅游、冒险旅游、健康旅游等。

（二）旅游目的地的重要性与作用

1. 经济层面

旅游目的地的开发与运营能够直接带动当地经济的增长，通过吸引旅游者消费，增加旅游收入，进而促进相关产业的发展，如交通、住宿、餐饮、娱乐等。这些产业的发展不仅为当地居民提供了更多的就业机会，还推动了地区经济结构的优化升级。对于国际旅游目的地而言，吸引外国旅游者能够为国家带来可观的外汇收入。这些外汇收入有助于增强国家的经济实力，平衡国际收支，为国家的经济发展提供有力支持。

2. 社会文化层面

旅游目的地往往承载着丰富的历史文化和民俗风情。通过旅游活动，这些文化得以传承和弘扬，增强旅游者的文化认同感和归属感。同时，旅游目的地的文化交流也有助于促进不同文化之间的相互理解和尊重。一个成功的旅游目的地往往能够成为地区的名片和形象代表。通过旅游宣传和推广，提升地区的知名度和美誉度，进而吸引更多的投资者和旅游者，推动地区的全面发展。

3. 环境生态层面

旅游目的地的开发与运营需要依托良好的自然环境和生态环境。因此，在旅游发展过程中，往往伴随着生态环境保护意识的提升和环保措施的实施。这些举措有助于保护当地的生态环境，实现旅游业的可持续发展。旅游目的地作为人与自然和谐共生的典范，对于推动生态文明建设具有重要意义。通过倡导绿色旅游、低碳旅游等理念，引导旅游者关注生态环境问题，共同参与到生态文明建设中。

（三）旅游目的地的发展趋势

1. 多元化发展趋势

随着旅游者需求的多样化，旅游目的地资源类型也在不断丰富。除了传统的自然风光和历史文化资源，现代都市、乡村田园、民俗风情等新型旅游资源逐渐受到关注。旅游目的地正由单一资源类型向多元化资源类型转变，以满足不同旅游者的需求。在多元化的资源类型基础上，旅游目的地开始提供多样化、定制化的旅游产品。从传统的观光旅游、度假旅游，到生态旅游、探险旅游、健康旅游等，旅游产品的种类日益繁多。这种多样化的产品供给模式能够更好地满足旅游者的个性化需求。

2. 个性化发展趋势

在旅游目的地发展过程中，个性化旅游体验逐渐成为旅游者追求的目标。旅游目的地通过提供定制化服务、营造特色文化氛围等方式，为旅游者创造独特的旅游体验。个性化旅游体验的实现需要旅游目的地深入挖掘自身资源特色和文化内涵，打造具有独特魅力的品牌形象。随着市场竞争的加剧，旅游目的地的营销策略也由大众化向个性化转变。通过大数据分析、社交媒体营销等手段，旅游目的地能够更加精准地锁定目标市场，实现精准营销。同时，借助故事营销、情感营销等方式，打造与旅游者情感共鸣的品牌形象，提升市场竞争力。

3. 可持续化发展趋势

面对生态环境压力，旅游目的地的可持续化发展已成为必然选择。通过实施生态环保政策、推广绿色旅游理念等方式，降低旅游活动对生态环境的影响。同时，加强生态修复和环境治理工作，保障旅游目的地的生态环境质量。在促进旅游业发展的同时，旅游目的地还注重与当地社会经济的协调发展。通过推动产业融合、扶持当地居民参与旅游业等方式，实现旅游业的共赢发展。同时，关注旅游者的权益保障和旅游服务质量的提升，确保旅游业的长期稳定发展。

二、旅游目的地规划的基础理论

（一）旅游系统理论

旅游系统理论是旅游目的地规划的重要基础理论之一，它为全面、系统地认识和规划旅游目的地提供了有力的理论支撑。旅游系统是由旅游主体（旅游者）、旅游客体（旅游资源及旅游产品）、旅游媒介（旅游业）和旅游环境共同构成的一个复杂系统。在这个系统中，各个组成部分相互作用、相互影响，共同推动旅游活动的发生和发展。

旅游者是旅游活动的主体，他们的需求、行为和偏好直接影响着旅游目的地的规划和发展。在旅游系统理论中，需要充分研究旅游者的需求特征、行为模式和消费决策过程，以便为他们提供更有针对性的旅游产品和服务。旅游资源是旅游目的地吸引力的源泉，也是旅游产品开发的基础。在旅游系统理论中，需要对旅游资源的类型、特色、价值等进行全面评估，并在此基础上进行科学合理的开发和利用，以满足旅游者的需求。旅游业是连接旅游主体和旅游客体的桥梁和纽带，它包括旅游交通、旅游住宿、旅游餐饮、旅游购物等多个环节。在旅游系统理论中，需要关注旅游业的发展状况、服务质量和管理水平，以确保旅游活动的顺利进行和旅游者的满意体验。

（二）旅游空间结构理论

1. 旅游空间结构理论的核心概念

旅游空间结构理论是旅游地理学、旅游规划学中的重要理论之一，它关注旅游活动在地理空间上的分布、组合与相互关系。该理论对于指导旅游目的地的规划、开发和管理，优化旅游资源配置，提高旅游地的整体效益具有重要意义。旅游空间结构主要指的是旅游活动在地理空间上的投影，是旅游目的地内各旅游经济要素相对区位关系和分布形式的表现。它反映了旅游活动的空间属性和相互关系，是旅游地理学研究的重要内容。

2. 旅游空间结构理论的构成要素

旅游节点是旅游空间结构中的基本单元，包括旅游景点、旅游城市、旅游区域等。这些节点是旅游者进行旅游活动的重要场所，也是旅游资源和产品的主要载体。节点的规模、等级、功能等属性决定了其在旅游空间结构中的地位和作用。旅游线路是连接旅游节点的重要通道，也是旅游者进行空间移动的主要路径。旅游线路的设计和优化对于提高旅游者的出行效率和旅游体验具有重要意义。同时，旅游线路也是旅游目的地内各旅游节点之间进行客流、物流、信息流等交换的重要通道。旅游网络是由多个旅游节点和旅游线路相互交织而成的复杂网络结构。它反映了旅游目的地内各旅游要素之间的空间联系和相互作用关系。旅游网络的形成和发展受到多种因素的影响，如旅游资源分布、交通条件、市场需求等。

3. 旅游空间结构理论在旅游规划中的应用

运用旅游空间结构理论，可以对旅游目的地的空间布局进行优化。通过合理规划和布局旅游节点、旅游线路和旅游网络，实现旅游资源的合理配置和高效利用，提高旅游目的地的整体效益。旅游空间结构理论可以为旅游产品的开发提供指导。根据旅游节点的属性和特点，开发具有地方特色的旅游产品，满足旅游者的多元化需求。同时，通过优化旅游线路设计，提高旅游产品的吸引力和竞争力。在区域旅游合作中，旅游空间结构理论可以发挥重要作用。通过分析和比较不同旅游目的地之间的空间结构特征和优势资源，寻求合作的可能性和切入点，实现资源共享、客源互送和市场共赢。

（三）旅游生命周期理论

1. 旅游生命周期理论的基本概念

旅游生命周期理论是旅游学研究中的一个重要理论，它旨在描述和解释旅游目的地或旅游产品从产生到衰退的整个过程。该理论为旅游规划者、管理者和研究者提供了一种分析和预测旅游发展的有力工具。旅游生命周期理论认为，每一个旅游目的地或旅游产品都会经历一个从出生、成长、成熟到衰退的演变过程。这一过程通常被划分为几个不同的阶段，每个阶段都有其独有的特征和挑战。

2. 旅游生命周期理论的应用价值

通过了解旅游目的地或产品所处的生命周期阶段，规划者可以预测其未来的发展趋势，并制定相应的规划策略。例如，在探索阶段，可以重点加强基础设施建设和宣传推广；在成熟阶段，则需要关注环境保护和市场多元化。旅游生命周期理论为管理者提供了一种分析和解决问题的框架。通过识别不同阶段的主要挑战和问题，管理者可以制定有针对性的管理策略，以延长旅游目的地或产品的生命周期或促使其复兴。旅游生命周期理论为旅游学研究提供了一个重要的分析视角。通过对不同旅游目的地或产品的生命周期进行比较和研究，学者可以深入探讨旅游发展的内在规律和影响因素，为旅游学的理论建设和实践应用做出贡献。

三、旅游目的地规划的方法与技术

（一）市场调研与需求分析

1. 市场调研的重要性

市场调研是获取关于旅游市场当前状况、未来趋势以及竞争环境等信息的过程。通过收集和分析关于旅游市场规模、增长趋势、消费者行为以及竞争对手的信息，规划者可以发现潜在的市场机会和可能面临的威胁。市场调研有助于规划者明确目标市场细分，包括不同旅游者的特征、需求和偏好，从而更加精准地制定市场定位和开发策略。

2. 需求分析的层次与步骤

需求分析是在市场调研的基础上进一步挖掘旅游者的深层次需求，并将这些需求转化为旅游目的地规划的具体要求和目标。它通常包括以下几个层次和步骤：第一，确定基本需求。通过分析市场调研数据，识别旅游者的基本需求，如休闲放松、文化体验、冒险探险等。第二，挖掘潜在需求。进一步探讨旅游者的潜在需求和期望，这可能涉及更加个性化、定制化的旅游产品或服务。第三，需求优先级排序。对识别出的需求进行优先级排序，以确定在规划过程中应重点关注和满足的需求。第四，将需求转化为规划目标。将排序后的需求转化为具体、可衡量的规划目标和指标，以确保旅游目的地的开发能够满足市场需求并实现可持续发展。

（二）资源评价与开发潜力评估

1. 资源评价的内涵与意义

资源评价是指对某一地区内的自然、人文及社会经济资源进行全面、系统、科学的评估和分类。其目的在于明确各类资源的数量、质量、分布特征、功能属性及其之间的相互关系，揭示资源组合优势和可能存在的问题。在旅游领域，资源评价尤其关注景观价值、生态环境质量、历史文化底蕴、休闲娱乐潜力等方面。资源评价的意义在于为区域发展战略和规划的制定提供基础资料。通过对资源的系统评估，规划者能够更加准确地把控地区的发展优势，明确旅游产品的开发方向和市场定位，进而提升目的地的整体吸引力和竞争力。

2. 开发潜力评估的方法

开发潜力评估建立在资源评价的基础之上，进一步分析各类资源在经济发展、生态保护和社会文化传承等方面的利用潜力。这一评估涉及资源的市场前景、开发利用的技术经济可行性、环境容量及生态保护要求等多个维度。在评估方法上，通常采用定性与定量相结合的分析手段。定性分析主要依据专家的知识经验和判断，对资源的价值、稀缺性、独特性等方面进行评价；定量分析则运用统计、模型预测等技术手段，对资源的开发成本、收益预期、市场容量等进行量化分析。

3. 资源评价与开发潜力评估的整合应用

在实际操作中，资源评价与开发潜力评估往往是相互关联、相辅相成的。二者共同构成了对特定地区资源状况的全面认知，为决策者提供了系统、科学的决策支持。通过整合应用资源评价与开发潜力评估的成果，规划者可以制定出更加符合地区实际、具有可操作性和可持续性的旅游目的地发展规划。

（三）目标与战略制定

在旅游目的地规划与管理中，目标与战略制定是确保长期成功和可持续发展的关键环节。这一过程涉及对目的地现状的深入理解、对未来愿景的明确规划，以及为实现这一愿景所需采取的战略行动的确定。

1. 目标制定的原则与过程

目标制定是旅游目的地规划的首要任务，它为整个规划过程提供了方向和焦点。有效的目标制定应遵循 SMART 原则，即目标应具有具体性（Specific）、可衡量性（Measurable）、可达成性（Achievable）、相关性（Relevant）和时限性（Time-bound）。

一是环境分析，对目的地的内部和外部环境进行全面分析，包括资源评价、市场需求、竞争状况、政策环境等，以识别机会和威胁。二是愿景确定，基于环境分析的结果，明确目的地的未来愿景，即希望在未来一段时间内实现的整体发展方向和状态。三是目标体系构建，将愿景具体化为一系列可操作、可衡量的目标。这些目标应涵盖经济、社会、环境等多个方面，形成一个完整的目标体系。

2. 战略制定的框架与方法

战略制定是在目标制定的基础上，为实现这些目标而设计的一系列行动计划和策略。一个有效的战略应能够充分利用目的地的优势，克服劣势，抓住机遇，应对威胁。根据目标市场的需求和竞争状况，明确目的地在市场中的定位，包括目标市场选择、产品差异化策略等。基于市场定位和资源评价，设计符合市场需求的旅游产品和服务，包括景点开发、线路设计、活动策划等。制定有效的营销策略，包括品牌推广、渠道选择、价格策略等，以提高目的地的知名度和吸引力。寻求与其他旅游目的地、企业、机构等的合作与联盟，以共同开发市场、提升竞争力。

3. 目标与战略制定的整合与实施

目标与战略制定不是孤立的过程，而是需要相互整合、协调一致。目标为战略制定提供了方向和依据，而战略则是实现目标的具体手段和途径。因此，在制定目标和战略时，应充分考虑它们之间的内在联系和一致性。此外，目标与战略制定还需要与实施过程相结合。规划者需要制定详细的实施计划，明确各项战略行动的具体步骤、时间表和责任人，以确保战略能够得到有效执行。同时，还需要建立监控和评估机制，定期对战略实施情况进行检查和评估，及时发现问题并采取相应的措施进行调整和改进。

四、旅游目的地设计分析

（一）旅游目的地设计的核心要素

1. 资源基础

资源基础在旅游目的地设计中占据举足轻重的地位。为了打造一个引人入胜的旅游胜地，首要的任务就是深入识别和全面评估当地所拥有的自然与人文资源。这些宝贵的资源，如秀美的自然景观、古老的历史遗迹、深厚的文化传统以及独特的民俗风情，都是构成旅游目的地不可或缺的吸引力元素。它们不仅为游客提供了丰富多彩的旅游体验，更是目的地独特魅力和竞争力的源泉。因此，在旅游目的地设计之初，必须对这些资源进行详尽的调研和科学的评估，以确保它们能够得到有效的保护和合理的利用，从而为旅游目的地的长期发展和繁荣奠定坚实的基础。

2. 市场需求

市场需求在旅游目的地设计中起着至关重要的作用。一个成功的旅游目的地必须紧密围绕游客的需求和偏好来打造，而了解和分析这些需求正是设计过程中的关键环节。通过深入的市场调研和精确的数据分析，可以清晰地掌握游客的旅游动机，洞察他们的消费习惯和行为模式。这些宝贵的信息不仅揭示了游客的内心世界和旅游期望，更为目的地设计提供了明确的市场导向。在设计过程中，必须紧密结合市场需求，确保每一个旅游产品和服务都能精准地满足游客的期望,从而为他们创造一次难忘而独特的旅行体验。这样,旅游目的地才能在激烈的市场竞争中脱颖而出,赢得游客的青睐和忠诚。

3. 可达性与基础设施

可达性与基础设施是旅游目的地设计中不可忽视的重要因素。一个旅游目的地的吸引力不仅取决于其独特的自然和人文资源,还在于其便捷的可达性和完善的基础设施。游客的旅游体验从他们抵达目的地的那一刻起就开始形成,因此,良好的交通网络、舒适的住宿环境、美味的餐饮选择以及丰富多彩的娱乐设施都是至关重要的。在目的地设计过程中,我们必须充分考虑这些因素,合理规划基础设施的布局,并不断完善和提升其服务质量。只有这样,才能确保游客在享受目的地独特魅力的同时,也能获得便捷、舒适和愉悦的旅游体验,从而增强他们对目的地的满意度。

(二) 旅游目的地设计的原则

1. 可持续性原则

可持续性原则在旅游目的地设计中占据核心地位。在规划和开发过程中,必须时刻牢记生态环境的脆弱性和资源的有限性,确保每一项决策和行动都充分考虑到生态环境的承载能力和资源的可再生性。这就意味着不能盲目追求短期的经济利益,而忽视对自然环境的长期影响。为了实现经济、社会和环境的协调发展,必须采取一系列切实有效的措施。例如,严格控制旅游目的地的游客容量,避免过度开发导致的环境破坏;大力推广绿色旅游和生态旅游理念,引导游客尊重和保护自然环境;同时,加强当地社区的参与和教育,让他们成为旅游发展的合作伙伴和受益者。只有这样,才能确保旅游目的地的长期繁荣和可持续发展,为子孙后代留下一片美丽的家园。

2. 文化原真性原则

文化原真性原则是旅游目的地设计和开发过程中至关重要的指导原则。在全球化大背景下,许多地方的文化面临着被同化、被淡化的风险。因此,在旅游目的地的设计中,必须坚定地尊重和保护当地独特的文化传统和民俗风情。这就意味着要深入了解和挖掘目的地的文化精髓,将其真实地呈现给游客，而不是为了迎合市场需求或追求经济利益而对其进行任意改编或歪曲。同时，也要警惕过度商业化的趋势，确保旅游开发不会破坏当地文化的原真性和多样性。通过科学的规划和设计，可以在保护文化的同时，为游客提供丰富、真实的文化体验，让他们真正感受到目的地的独特魅力和文化价值。这样，旅游目的地不仅能吸引更多游客，还能为当地文化的传承和发展做出积极贡献。

3. 社区参与原则

社区参与原则在旅游目的地设计中占据举足轻重的地位。此原则的核心在于积极鼓励并吸纳当地社区参与旅游目的地的规划和管理过程，这样不仅能够确保他们的经济利益、文化权益和社会福利得到充分保障，还能够有效增强游客与当地居民之间的互动与交流。通过社区参与，可以充分利用当地居民对目的地的深刻理解和独特见解，为设计和管理提供宝贵的建议和指导。同时，也能激发社区居民的归属感和责任感，促使他们更加积极地投身旅游发展中，共同为打造高质量、可持续发展的旅游目的地贡献力量。此外，社区参与原则还有助于构建和谐的旅游环境，让游客在享受美好旅程的同时，也能深切感受到当地社区的热情好客与丰富的文化特色。

第二节　旅游线路规划与设计

一、旅游线路规划与设计概述

（一）旅游线路的定义与分类

1. 旅游线路的定义

旅游线路，在旅游学和地理学领域，通常被定义为一种预先设定的、有组织的、包含多个旅游节点（如景点、住宿点、餐饮点等）的空间移动路径。它不仅是旅游者在目的地内部进行游览活动的物理轨迹，更是旅游产品和服务的重要载体，体现了旅游目的地的资源特色、市场需求、交通状况、服务设施等多方面的综合考量。旅游线路是旅游规划与设计中的核心要素,它决定了旅游者在目的地的体验质量、满意度以及目的地的整体吸引力。一个成功的旅游线路应该能够高效地串联起目的地的优质资源,满足旅游者的多元化需求,同时实现目的地经济、社会和环境效益的最大化。

2. 旅游线路的分类

(1)按主题划分

文化旅游线路以文化遗产、历史遗迹、民俗风情等为主要内容,带领游客穿越时空,感受历史的厚重与文化的韵味;生态旅游线路则以自然风光、生态环境、生物多样性等为核心,让游客在大自然的怀抱中放松身心,领略大自然的神奇与美丽;休闲度假旅游线路注重休闲放松、度假疗养、娱乐购物等体验,为游客打造舒适惬意的度假环境,满足他们追求高品质生活的需求;而专项特色旅游线路,如红色旅游、工业旅游、农业旅游等,以特定主题和特色为卖点,为游客提供别具一格的旅游体验,以满足他们对特定领域的好奇心和探索欲望。

(2)按行程时间划分

一日游线路与多日游线路是旅游规划中针对不同需求和时间安排的两种常见线路设计。一日游线路适合短途旅行或时间紧凑的旅游者,它通常精心挑选并仅包含目的地的核心景点和最具代表性的活动,让游客在有限的时间内能够充分体验目的地的精华所在。相对而言,多日游线路则更适合长途旅行或时间较充裕的旅游者;它不仅涵盖了更多的景点和活动,而且行程安排上也更加灵活多样,为游客提供了更深入的探索和更丰富的体验机会。

(3)按空间范围划分

区域内旅游线路主要限定在某一特定区域内,如城市游或乡村游,使游客能够深入体验该区域的文化和特色。而跨区域旅游线路则跨越多个区域,如省际游或国际游,为游客提供了更广阔的旅游空间和更多元的文化体验。然而,这类线路通常需要更加周密的交通和住宿安排,以确保游客能够顺利、舒适地完成整个旅程。无论是选择区域内还是跨区域的旅游线路,游客都能够根据自己的兴趣和时间,享受一次难忘的旅行体验。

（4）按旅游者需求划分

大众旅游线路以其标准化、经济实惠的特点，满足了大多数旅游者的基本需求，为他们提供了便捷、舒适的旅游体验。而对于那些追求独特体验、有特殊需求和偏好的旅游者来说，个性化定制旅游线路则如同一把钥匙，打开了专属定制之旅的大门，无论是私人定制游的高端奢华，还是深度文化体验的定制需求，都能够得到精心策划和完美呈现。两者各具特色，共同丰富了旅游市场的多样性。

（二）旅游线路规划与设计的基本原则

1. 市场导向原则

市场导向原则是旅游线路规划与设计的基石。它要求规划者深入了解目标市场的需求和偏好，通过市场调研和数据分析，准确把握旅游者的消费习惯、旅游动机和行为模式。在此基础上，规划者应设计出符合市场需求、具有吸引力的旅游线路，以满足不同旅游者的期望和需求。

2. 资源依托原则

资源依托原则强调旅游线路规划与设计应充分利用和依托目的地的自然和人文资源。这些资源包括自然景观、历史遗迹、文化传统、民俗风情等，是构成旅游线路吸引力的核心要素。规划者应对目的地的资源进行全面评估，挖掘其特色和优势，将其有机融入旅游线路中，以提升线路的吸引力和竞争力。

3. 创新性原则

创新性原则是提升旅游线路吸引力和竞争力的关键。在规划与设计过程中，规划者应打破传统思维束缚，引入创新理念和方法，设计出具有独特性、新颖性和创意性的旅游线路。这可以通过挖掘目的地的非传统旅游资源、开发新型旅游产品和服务、运用现代科技手段等方式实现。

4. 可操作性原则

可操作性原则要求旅游线路规划与设计应具有实际可行性和可操作性。规划者应在充分考虑目的地实际情况的基础上，制定出具体、明确、可实施的规划方案和设计细节。这包括合理的行程安排、便捷的交通组织、完善的设施配套以及有效的市场推广策略等，以确保旅游线路能够顺利实施并取得预期效果。

（三）旅游线路规划与设计的意义与价值

1. 优化资源配置与提升目的地竞争力

通过科学合理的旅游线路规划与设计，能够实现对目的地旅游资源的优化配置。这包括对自然景观、文化遗产、民俗风情等资源的深入挖掘和整合，形成具有吸引力和竞争力的旅游产品。同时，通过线路的合理规划，可以避免资源的重复建设和浪费，提高资源利用效率。这有助于提升目的地的整体形象和吸引力，进而在激烈的市场竞争中脱颖而出。

2. 满足旅游者多元化需求与提升体验质量

旅游线路规划与设计是以满足旅游者需求为出发点的。通过深入市场调研，了解旅游者的消费习惯、兴趣偏好和旅游动机，可以设计出符合不同人群需求的旅游线路。这既包括大众化的标准线路，也包括针对特定人群的高端定制线路。通过多样化的线路设计，可以满足旅游者的多元化需求，提升其旅游体验感和满意度。

3. 促进目的地经济、社会与环境协调发展

旅游线路规划与设计不仅关注经济效益，还注重社会和环境效益的协调发展。通过合理规划旅游线路，可以带动目的地的交通、住宿、餐饮等相关产业的发展，创造更多的就业机会和经济效益。同时，线路规划还应充分考虑当地居民的利益和诉求，促进他们与旅游业的和谐共生。此外，规划过程中还应注重生态环境的保护和可持续发展，确保旅游活动对自然环境的影响最小化。

4. 推动文化旅游融合与传承

对于以文化遗产、历史遗迹等为主要内容的文化旅游线路来说，规划与设计的过程本身就是对文化的挖掘、传承和创新的过程。通过深入挖掘目的地的文化底蕴和特色元素，将其融入旅游线路中，可以让旅游者在游览过程

中感受到文化的魅力和价值。这有助于推动文化旅游的深度融合与发展，促进文化的传承与创新。

二、旅游线路规划的基础要素

（一）旅游资源分析与评价

在旅游线路规划的过程中，旅游资源分析与评价是不可或缺的基础要素。它们为规划者提供了关于目的地资源状况、特色及潜力的深入理解，是制定科学、合理旅游线路的前提。

旅游资源分析是对目的地所拥有的自然、人文资源进行系统梳理和分类的过程。它不仅包括自然景观、历史遗迹、文化传统等显性资源，还涉及民俗风情、地方特产等隐性资源。分析的目的在于全面把握资源的数量、类型、分布、特点及其相互关系，为后续的旅游线路设计提供丰富的素材和灵感。

旅游资源评价是在资源分析的基础上，对各项资源的旅游价值、开发条件及市场前景进行评估和预测。评价的目的是筛选出具有开发潜力和市场竞争力的旅游资源，为旅游线路规划提供有力的支撑。在评价过程中，规划者需要综合考虑资源的吸引力、独特性、可进入性、环境容量等多个因素。其中，吸引力主要衡量资源对旅游者的吸引程度；独特性则反映资源在市场上的稀缺性和不可替代性；可进入性关注的是资源所在地的交通、住宿等基础设施条件；而环境容量则决定了资源在承受旅游活动压力方面的能力。此外，旅游资源评价还需要结合市场需求和竞争态势进行分析。规划者需要密切关注旅游市场的发展趋势和消费者的需求变化，以便及时调整评价标准和策略。同时，他们还需要对同类资源在市场上的竞争状况进行深入了解，以便在规划过程中扬长避短，突出自身特色。

（二）旅游市场需求与趋势分析

1. 旅游市场需求分析

旅游市场需求分析旨在全面、深入地了解旅游者的需求特点、消费习惯、偏好和期望。这包括对旅游者的人口统计学特征（如年龄、性别、收入等）、旅游动机、旅游行为模式以及消费决策过程的研究。通过这些分析，规划者可以准确把握不同市场细分的需求差异，为后续的线路设计提供有针对性的指导。需求分析的方法多种多样，包括问卷调查、深度访谈、市场观察等。通过这些方法收集的数据和信息，可以帮助规划者揭示旅游者的真实和潜在需求，以及对旅游产品的期望和评价标准。

2. 旅游市场趋势分析

旅游市场趋势分析则侧重于对市场未来发展方向和演变趋势的预测和判断。这包括对旅游市场整体增长趋势、消费结构变化、新兴旅游形态和业态的出现等方面的研究。趋势分析通常基于大量的历史数据和行业报告，结合宏观经济环境、社会文化背景、科技进步等多个因素进行综合考量。通过趋势分析，规划者可以洞察市场的未来走向，把握新兴市场和机遇，从而在旅游线路规划中融入前瞻性和创新性元素。例如，随着生态环保意识的提高，生态旅游和可持续旅游可能成为未来的热点；随着科技的进步，虚拟现实、增强现实等新技术也可能为旅游业带来新的发展机遇。

（三）旅游交通与可达性分析

1. 旅游交通分析

旅游交通分析主要关注旅游目的地内外部的交通网络、交通工具、交通设施以及交通管理等方面。一个完善的旅游交通系统需要确保旅游者能够便捷、安全、舒适地到达目的地，并在目的地内部顺畅游览。

交通网络包括对目的地外部的交通干线（如高速公路、铁路、航空线路）和内部道路网络（如景区道路、步行道）的连通性、容量和效率进行评估。外部交通网络的发达程度直接影响旅游者的可进入性，而内部交通网络的合理性则关系到旅游者在目的地的流动性和游览体验。交通工具与设施涉及对各类交通工具（如汽车、火车、飞机、轮船等）的可用性、舒适性、安全性以及交通设施（如停车场、交通枢纽、交通标识等）的完备性和便利性的评估。这些要素直接影响旅游者的出行选择和满意度。交通管理主要关注交通流量的调控、交通安全的保障以及应急处理能力的提升等方面。有效的交通管理能够确保旅游高峰期的交通顺畅，降低交通事故风险，并及时应对突发状况，从而保障旅游者的出行安全和顺畅。

2. 可达性分析

可达性分析是衡量旅游目的地吸引力和发展潜力的重要指标，它主要关注旅游者从客源地到目的地的便捷程度以及目的地内部各景点之间的通达性。

外部可达性分析通常考虑距离、时间、成本等因素，评估旅游者从主要客源地到目的地的难易程度。较短的旅行距离、较少的时间消耗和较低的经济成本通常意味着更高的可达性和更大的市场潜力。内部可达性分析则关注旅游者在目的地内部各景点之间移动的便捷性和效率。这包括景点之间的空间布局、交通连接方式、交通工具的可用性以及交通设施的配置等。一个内部可达性高的旅游目的地能够提供更好的游览体验，增加旅游者的满意度和停留时间。

（四）旅游设施与服务配套

1. 旅游设施分析

旅游设施是指为满足旅游者在旅行过程中的各种需求而提供的物质设备和建筑。这些设施的种类繁多，涵盖了住宿、餐饮、游览等多个方面。

住宿设施包括酒店、度假村、民宿等各种类型的住宿场所。它们的数量、质量、类型和分布直接影响到旅游者的住宿选择和体验。一个目的地的住宿设施若能满足不同旅游者的需求，且具备良好的舒适度和服务水平，将大大增强其对旅游者的吸引力。餐饮设施涉及各类餐馆、咖啡厅、酒吧等提供餐饮服务的场所。旅游者在旅行中期望能够品尝到地道的美食和享受高品质的餐饮服务。因此，目的地的餐饮设施应多样化、具有地方特色，并符合卫生和安全标准。游览设施主要指景区内的导览系统、解说标识、观景台、步行道等。这些设施有助于旅游者更好地了解景点的历史文化和自然风光，增强他们的游览体验。因此，游览设施的设计应人性化、信息准确且易于理解。

2. 服务配套分析

服务配套是指与旅游活动相关的各种服务项目和体系，旨在满足旅游者在旅行过程中的多元化需求。

专业的导游服务是提升旅游者体验质量的关键因素之一。导游不仅具备丰富的目的地知识和良好的沟通技巧，还能为旅游者提供个性化的行程建议和问题解决方案。旅游信息服务包括旅游咨询中心、官方网站、旅游 App 等提供目的地信息和旅游建议的渠道。这些服务有助于旅游者做出明智的旅行决策，减少旅行中的不确定性和风险。安全保障服务涉及旅游者在旅行过程中的人身安全和财产安全。目的地应建立完善的安全预警和应急处理机制，提供必要的医疗救助和保险服务，确保旅游者的安全。旅游购物和娱乐是旅游活动的重要组成部分。目的地应提供多样化的购物场所和娱乐项目，以满足旅游者的不同需求。同时，这些服务应诚信经营、价格合理，保障旅游者的消费权益。

三、旅游线路设计的创意与方法

（一）主题线路设计思路

1. 主题线路设计的创意来源

深入挖掘目的地的历史文化、民俗风情、艺术传统等，从中提炼出具有代表性和吸引力的元素，作为线路设计的主题。例如，以"古丝绸之路"为主题的线路，可以串联起一系列历史遗迹和文化体验活动。依托目的地的独特自然景观，如山脉、河流、湖泊、海洋等，设计以自然探索和户外体验为主题的线路。例如，针对喜欢徒步和探险的旅游者，可以设计穿越山脉的徒步线路。关注当前的社会热点和旅游趋势，如生态旅游、健康旅游、科技旅游等，结合目的地的资源条件设计相应的主题线路。例如，针对健康旅游市场，可以设计以养生、瑜伽、禅修等为主题的线路。

2. 主题线路设计的方法

围绕选定的主题，对目的地的旅游资源进行筛选、分类和整合，确保线路中的每一个景点和活动都与主题紧密相关。同时，要注意资源的互补性和差异性，避免重复和雷同。将线路中的各个景点和活动通过一条清晰的故事线串联起来，形成一个有逻辑、有情节的整体。故事线可以基于历史传说、文化脉络、人物传记等，使旅游者在游览过程中能够感受到一种连贯性和深度。注重旅游者的参与感和体验感，设计互动性强、趣味性高的活动项目。例如，可以设置手工艺体验、角色扮演游戏、文化讲座等，让旅游者在亲身体验中深入了解主题内容。

（二）特色线路设计策略

1. 特色资源的挖掘与利用

特色线路设计的首要任务是深入挖掘目的地的特色资源。这些资源可以包括自然景观、历史文化、民俗风情、地方美食等，它们具有独特性、稀缺性和不可复制性，是形成特色线路的基础。在挖掘资源的过程中，应注重资源的品质和代表性，确保其能够充分展现目的地的特色和魅力。同时，还需要对特色资源进行合理的利用和配置。这包括将不同类型的资源进行有效组合和搭配，形成内容丰富、形式多样的旅游线路。在利用资源过程中，应注重资源的可持续性和保护性，避免过度开发和破坏。

2. 主题与特色的凝练与表达

特色线路设计需要明确一个鲜明、独特的主题，这个主题应能够概括和表达线路的特色和核心卖点。主题的凝练需要深入分析目的地的资源特色和市场需求，找出最具吸引力和竞争力的元素进行提炼和升华。在表达主题过程中，应注重创意和创新。可以通过设计独特的标志、口号、形象等元素来增强主题的辨识度和记忆度。同时，还需要将主题贯穿线路的各个环节和细节中，以确保旅游者在游览过程中能够深刻感受到主题的存在和魅力。

3. 体验与互动的强化与提升

特色线路设计应注重旅游者的体验和互动。这要求在设计过程中，充分考虑旅游者的需求和期望，提供丰富多样的体验项目和互动活动。这些项目和活动应具有趣味性、参与性和教育性，能够激发旅游者的兴趣和热情。同时，还需要关注旅游者与当地居民、文化、环境等方面的互动。通过设计文化交流、社区参与、环保实践等活动，增强旅游者对目的地的认同感和归属感。这种互动不仅有助于提升旅游者的满意度和忠诚度，还能够促进目的地的可持续发展。

4. 市场营销与推广的策略制定

特色线路设计完成后，需要制定有效的市场营销与推广策略。这包括确定目标市场定位、制定价格策略、选择合适的营销渠道和推广方式等。在营销策略的制定过程中，应充分考虑旅游者的消费习惯、偏好和需求特点，以及竞争对手的市场状况。同时，还需要注重品牌的塑造和传播。通过打造独特的品牌形象和口碑效应，提升特色线路的知名度和美誉度。在品牌推广过程中，可以运用多种手段和工具，如社交媒体、网络营销、公关活动等，以扩大影响力和吸引力。

（三）定制化线路设计方法

1. 需求分析与评估

定制化线路设计的首要步骤是进行深入的需求分析与评估。这包括收集旅游者的基本信息，如年龄、性别、职业、教育背景等，以及他们的旅游偏好、兴趣点、期望体验等。通过问卷调查、面对面访谈、在线行为分析等方式，可以系统地获取这些信息。在需求分析的基础上，还需要对旅游者的需求进行细致入微的评估。这包括对需求的合理性、可行性、重要性等方面进行考量，以确保设计出的线路既符合旅游者的期望，又具有实际可操作性。

2. 资源匹配与优化

根据旅游者的需求评估结果，定制化线路设计需要进行资源的匹配与优化。这要求规划者充分了解目的地的旅游资源状况，包括自然景观、文化遗产、民俗风情、特色美食等。在资源匹配过程中，应注重资源的独特性、互补性和体验性，确保线路中的每一个元素都能为旅游者带来独特的体验。同时，还需要对资源进行合理的优化配置。这包括确定线路的景点顺序、活动安排、住宿选择等，以确保旅游者在有限的时间内能够充分体验目的地的精华部分。优化过程中应充分考虑旅游者的时间、预算和体力等因素，确保线路的合理性和舒适性。

3. 个性化体验设计

定制化线路设计的核心在于为旅游者创造个性化的体验。这就要求规划者根据旅游者的需求和兴趣，设计独特的活动项目、互动环节和体验场景。例如，针对历史文化感兴趣的旅游者，可以设计专属的文化探访线路，包括参观博物馆、古迹遗址、与当地文化人交流等。在个性化体验设计过程中，还需要关注旅游者的情感需求和心灵触动。通过设计富有情感色彩的场景、活动和故事，激发旅游者的共鸣和情感投入，使他们在旅行中获得更深层次的满足和愉悦。

4. 灵活调整与持续反馈

定制化线路设计并非一成不变，而是需要根据旅游者的反馈和市场变化进行灵活调整。在旅行过程中，规划者应与旅游者保持密切沟通，及时了解他们的感受和建议，对线路进行适时调整以满足他们的需求变化。同时，还需要建立持续的反馈机制。通过收集旅游者的评价、意见和建议，对定制化线路的设计效果进行评估和改进。这种反馈机制有助于不断提升定制化线路的设计水平和服务质量，为旅游者提供更加优质、个性化的旅游体验。

第五章 旅游资源的开发与利用

第一节 旅游资源开发的原则与策略

一、旅游资源开发的原则

（一）可持续性原则

1. 生态保护与资源利用的平衡

在旅游资源开发过程中，可持续性原则是至关重要的指导准则，其核心在于实现生态保护与资源利用之间的平衡。这一平衡不仅关乎旅游业的长期发展，更对全球生态环境保护和人类福祉具有深远的影响。

生态保护是旅游资源开发可持续性原则的基石。旅游资源，尤其是自然旅游资源，往往与独特的生态环境紧密相连。这些生态环境不仅具有极高的科学研究和教育价值，还是地球生物多样性和生态系统稳定性的重要保障。在旅游资源开发过程中，任何忽视生态保护的行为都可能导致不可逆转的生态破坏，进而威胁到旅游资源的可持续利用。然而，资源利用同样是旅游资源开发不可或缺的一环。旅游业的发展依赖于对旅游资源的合理开发和有效利用，这有助于提升目的地的吸引力，促进地方经济发展，并为游客提供独特的旅游体验。在资源利用过程中，应注重挖掘旅游资源的多元价值，如文化价值、教育价值、经济价值等，以实现旅游资源效益最大化。

要实现生态保护与资源利用的平衡，需要建立一套完善的平衡机制。在旅游资源开发前，应进行全面的资源调查和评估，明确资源的类型、数量、分布和价值等基本信息。同时，结合生态保护的要求和旅游市场的需求，制定科学、合理的开发规划，确保资源利用与生态保护之间的协调发展。在旅游资源开发过程中，应加强对开发行为的监管和执法力度。对于违反生态保护规定的行为，应依法予以严厉打击和处罚，确保开发活动在法律法规的框架内进行。积极引入和应用先进的生态保护技术和资源利用技术，提高旅游资源开发的效率和效益。例如，通过采用生态友好的建筑材料、节能减排的设施设备等，降低开发活动对生态环境的影响。

2. 长期效益与短期效益的协调

在旅游资源开发领域，可持续性原则强调在资源利用过程中要兼顾长期效益与短期效益，确保旅游业的健康、稳定发展。这一原则对于旅游资源的合理配置、旅游目的地的长期竞争力以及旅游业的可持续发展具有重要意义。

长期效益是旅游资源开发可持续性原则的核心目标之一。它关注的是旅游资源的长期利用价值、旅游目的地的持久吸引力以及旅游业对地方经济、社会、文化等方面的长期贡献。在追求长期效益的过程中，需要注重保护旅游资源的原始性和独特性，防止过度开发和破坏性建设，确保资源的可持续利用。通过提升旅游目的地的知名度和美誉度，增强其对游客的长期吸引力，形成稳定的客源市场。

短期效益是旅游资源开发过程中不可忽视的因素。它主要关注的是旅游项目在短期内的经济效益、市场需求以及投资回报等方面。在追求短期效益时，需要密切关注旅游市场的动态变化，及时调整旅游产品的结构和内容，以满足游客的多样化需求。合理评估旅游项目的投资风险和预期收益，确保项目在短期内能够实现盈利目标。

要实现长期效益与短期效益的协调，需要制定全面、科学的旅游发展规划，明确旅游业发展的长期目标和短期目标，以及实现这些目标的具体路径和措施。通过制定和实施一系列政策措施，引导旅游企业和投资者在追求短期效益的同时，关注并重视长期效益的实现。加强对旅游项目开发和运营过程的监管和评估工作，确保旅游资源的合理利用和有效保护，防止短期行为对长期效益造成损害。建立合理的利益共享机制，确保旅游业发展带来的经济、社会和文化利益能够惠及当地居民和利益相关者，增强他们对旅游业发展的支持度和参与度。

（二）文化传承原则

1. 尊重与保护地方文化特色

在旅游资源开发过程中，文化传承原则强调对地方文化特色的尊重与保护。这一原则对于维护文化多样性、促进文化交流与传承、提升旅游目的地的文化吸引力具有重要意义。

地方文化特色是某一地区在长期历史发展过程中形成的独特文化现象，包括语言、风俗习惯、宗教信仰、艺术表现、建筑风格等方面。这些特色构成了地方文化的核心要素，是当地人民认同感和归属感的重要来源。在旅游资源开发过程中，尊重地方文化特色意味着对当地历史、文化和传统的认同与尊重，有助于维护文化的多样性和独特性。尊重地方文化特色还有助于提升旅游目的地的吸引力。游客在旅游过程中往往寻求新奇、独特的文化体验，而地方文化特色正是满足这一需求的重要资源。通过展示和传播地方文化特色，可以吸引更多的游客前来参观、体验，推动旅游业的发展。

随着全球化的推进和现代化进程的加速，许多地方文化特色面临着消失的危险。在旅游资源开发过程中，如果不加以保护，这些地方文化特色可能会受到破坏或同化，失去其原有的独特性和魅力。因此，保护地方文化特色对于维护文化生态平衡、促进文化可持续发展具有重要意义。保护地方文化特色还有助于传承和弘扬当地传统文化。传统文化是地方文化的重要组成部分，承载着当地人民的历史记忆和民族情感。通过保护传统文化，可以使其得以传承和发展，为后代留下宝贵的历史文化遗产。

2. 促进文化多样性与交流

文化多样性是人类社会的基本特征之一，它体现了不同民族、地域和历史时期人类文明的丰富性和独特性。文化多样性不仅为人类提供了丰富多彩的精神食粮，还是社会创新、进步和发展的源泉。在旅游资源开发中，尊重和保护文化多样性有助于展示人类文明的瑰宝，为游客提供深刻而多元的文化体验。文化交流是不同文化之间相互了解、借鉴和融合的过程。在旅游资源开发中，促进文化交流有助于打破文化隔阂，增进不同民族和国家人民之间的友谊与理解。通过文化交流，可以推动各种文化元素的相互融合与创新，产生新的文化形态和旅游产品，从而丰富旅游市场的内涵和吸引力。

为了在旅游资源开发中有效促进文化多样性与交流，应对旅游目的地的多元文化进行深入挖掘和整理，通过博物馆、文化遗址、民俗表演等形式向游客展示当地独特的文化风貌。举办各类文化节庆、艺术展览、学术研讨会等活动，为不同文化之间的交流与对话提供平台。鼓励旅游从业者以开放的心态接纳外来文化元素，结合当地文化特色进行创新融合，开发出具有独特魅力的旅游产品。提高旅游从业人员对文化多样性的认识和尊重，培养他们的跨文化交流能力，以确保在旅游服务过程中能够有效地传递文化信息。

（三）社区参与原则

1. 社区参与的重要性

社区参与是确保旅游可持续发展和社区和谐的关键要素。首先，社区作为旅游目的地的重要组成部分，其居民对当地文化、历史和环境有深厚的了解和认同。他们的参与能够为旅游资源开发提供宝贵的本地知识和经验，增强旅游产品的真实性和吸引力。其次，社区参与有助于平衡旅游发展与当地居民利益之间的关系，减少旅游带来的负面影响，如文化冲击、环境破坏和社会冲突等。通过参与决策过程，社区居民能够表达自己的关切和需求，确保旅游发展符合其期望和利益。最后，社区参与还能够促进社区经济发展和旅游收益的公平分配，增强社区居民的获得感和归属感，从而提升他们对旅游发展的支持度和合作意愿。

2. 实现社区参与的策略

为实现有效的社区参与，需要采取一系列策略。首先，建立有效的沟通机制是至关重要的。旅游开发者和管理者应与社区居民保持密切沟通，了解他们的期望、关切和需求，确保旅游开发计划能够充分反映社区的意见和利益。其次，提升社区居民的参与能力也是关键。通过培训和教育项目，增强社区居民在旅游规划、管理和服务等方面的专业技能和知识水平，使他们能够更好地参与到旅游发展中。此外，建立公平合理的利益分配机制也是实现社区参与的重要保障。确保社区居民能够从旅游发展中获得公平的经济收益和社会福利，提升其生活质量和幸福感。

二、旅游资源开发的策略

（一）资源整合策略

在旅游资源开发过程中，资源整合策略是一种重要的方法论，它旨在通过优化资源配置、提高资源利用效率，实现旅游业的可持续发展。资源整合策略强调在旅游资源开发过程中，要对各类旅游资源进行全面梳理和评估，明确资源的类型、特色、价值以及开发潜力。在此基础上，通过科学合理的规划和布局，将分散的、孤立的旅游资源进行有效整合，形成具有鲜明主题和特色的旅游产品体系，从而提升旅游目的地的整体吸引力和竞争力。

实施资源整合策略需要对旅游目的地的空间布局进行优化，将不同类型的旅游资源在地域上进行合理分布和组合，形成各具特色的旅游功能区和线路。根据旅游资源的特色和市场需求，提炼出具有代表性和吸引力的主题，围绕这些主题进行资源整合和产品开发，打造主题鲜明、内涵丰富的旅游产品。推动旅游业与其他相关产业的融合发展，如文化、农业、体育等，通过产业间的互补和协同，提升旅游资源的综合利用效率和附加值。加强旅游市场的调研和分析，明确目标市场和客源结构，针对不同市场需求进行精准营销和服务提升，实现旅游市场的有效拓展。

通过科学合理的资源整合，可以避免旅游资源的重复建设和浪费性开发，提高资源的利用效率和效益。通过打造主题鲜明、内涵丰富的旅游产品体系，可以提升旅游目的地的整体吸引力和市场竞争力，吸引更多的游客前来游览和消费。资源整合策略强调在保护生态环境和传承历史文化的前提下进行旅游资源开发，有助于实现旅游业的可持续发展和人与自然的和谐共生。

（二）创新驱动策略

在旅游业的快速发展和市场竞争日益激烈的背景下，创新成为推动旅游资源开发的重要动力。创新驱动策略强调通过引入新理念、新技术和新模式，不断推动旅游资源的创新性开发，以满足市场的多元化需求。

创新驱动策略实现理念创新，突破传统思维束缚，引入前沿的旅游发展理念，如生态旅游、文化旅游、智慧旅游等，为旅游资源开发提供新的思路和方向。积极运用现代科技手段，如大数据、人工智能、物联网等，提升旅游资源的开发效率和服务质量，打造智能化、个性化的旅游体验。探索新的旅游资源开发模式，如共享经济、众筹模式等，实现旅游资源的优化配置和高效利用，形成具有特色的旅游产业链。实施创新驱动策略应加大对旅游创新项目的研发投入，支持旅游企业和科研机构开展合作，推动旅游创新成果的转化和应用。加强旅游创新人才的培养和引进，建立一支高素质、专业化的旅游创新团队，为旅游资源开发提供智力支持。营造良好的旅游创新生态环境，鼓励企业、政府和社会各界共同参与旅游创新活动，形成多方协同的创新合力。

（三）品牌建设策略

在旅游市场竞争中，品牌作为一种无形资产和核心竞争力，对于提升旅游目的地的知名度、美誉度和忠诚度具有至关重要的作用。品牌建设策略旨在通过塑造独特的品牌形象、传递鲜明的品牌价值，以及实施有效的品牌传播和管理，来增强旅游目的地的市场竞争力。

品牌形象是旅游目的地在游客心目中的总体印象和感知。通过深入挖掘旅游资源的特色和价值，提炼出独特的品牌元素和符号，如标志、口号、吉祥物等，以形成鲜明、独特的品牌形象。品牌价值是旅游目的地所倡导的核心理念和价值观。通过明确品牌定位，将旅游目的地的独特魅力、历史文化、生态环境等优势转化为具体的品牌价值，并通过产品和服务传递给游客，满足其精神需求和情感共鸣。品牌传播是提升品牌知名度和美誉度的关键环节。通过整合各种传播渠道和媒体资源，如广告、公关、网络营销等，实施有针对性的品牌传播策略，以扩大品牌影响力，吸引更多潜在游客。品牌管理涉及对品牌形象的持续监控和维护。通过建立完善的品牌管理体系，包括品牌标准制定、质量监控、危机应对等机制，确保品牌形象的稳定性和一致性，以应对市场变化和竞争挑战。

实施品牌建设策略需要深入了解目标市场的需求和偏好，以及竞争对手的品牌战略和市场表现，为制定有效的品牌建设策略提供数据支持。根据市场调研结果，明确旅游目的地的品牌定位和目标受众，进行品牌形象设计和价值提炼。结合目标受众的媒体接触习惯和传播渠道特点，制定有针对性的品牌传播策略和推广计划。通过与其他知名品牌或机构的合作与联盟，实现资源共享和优势互补，提升旅游目的地的品牌影响力和市场竞争力。定期对品牌形象、知名度和美誉度进行监测和评估，及时调整品牌建设策略以适应市场变化。

第二节　旅游资源开发的模式与实例

一、传统旅游资源开发模式

（一）自然风光旅游开发模式

自然风光旅游开发模式是指以自然地理景观、生态环境为主要吸引物，通过科学合理的规划与开发，为旅游者提供观光、休闲、度假、探险等旅游体验的一种开发模式。该模式强调对自然资源的保护和可持续利用，注重生态平衡与环境保护，在推动旅游业发展的同时，实现经济、社会和生态效益的协调统一。

1. 自然风光旅游开发模式的核心要素

自然风光旅游开发模式的核心在于独特的自然景观资源，如山水、湖泊、河流、海洋、森林、草原等。这些资源具有原始性、自然性和稀缺性，是吸引游客的重要因素。在开发过程中，必须严格遵守生态环境保护原则，确保旅游活动对自然环境的影响最小化。根据自然景观的特点和游客需求，设计丰富多样的旅游体验项目，如徒步探险、野营露宿、观鸟摄影等，让游客在亲近自然的同时获得愉悦感和满足感。

2. 自然风光旅游开发模式的实施路径

对自然景观资源进行全面评估，明确资源的类型、特色和价值。根据规划要求，完善旅游基础设施，如交通、住宿、餐饮等。同时，注重基础设施与自然环境的融合，保持景观的完整性和协调性。制定严格的生态环境保护措施，包括限制游客容量、规范游客行为、实施生态修复等。通过科技手段和管理创新，确保旅游活动对生态环境的影响控制在可承受范围内。通过有效的市场营销和推广手段，提高自然风光旅游目的地的知名度和美誉度。利用互联网、社交媒体等新媒体渠道，加强旅游目的地与游客的互动和沟通。

3. 实例：九寨沟自然保护区

九寨沟自然保护区位于中国四川省阿坝藏族羌族自治州，以其独特的自然风光和丰富的生态资源而闻名于世。作为自然风光旅游开发模式的典型实例，九寨沟自然保护区的成功经验对于其他地区具有借鉴意义。

九寨沟自然保护区拥有独特的地貌景观、多样化的生态系统和丰富的野生动植物资源。其翠湖、瀑布、雪山、森林等自然景观交相辉映，形成了极具观赏价值的自然风光。这些资源不仅具有极高的美学价值，还为科学研究、生态教育和生态旅游提供了得天独厚的条件。九寨沟自然保护区的开发始终坚持"保护优先、科学规划、合理开发、永续利用"的原则。在保护生态环境和自然资源的前提下，通过科学合理的规划，适度开发旅游资源，实现旅游业的可持续发展。同时，注重社区参与和利益共享，推动当地经济社会的协调发展。九寨沟自然保护区根据资源特色和游客需求，设计了多样化的旅游产品。包括生态观光、徒步探险、科普教育等。通过科学合理的线路设计和游客容量控制，确保游客在欣赏自然风光的同时，减少对生态环境的影响。

（二）历史文化旅游开发模式

历史文化旅游开发模式是指以历史文化资源为主要吸引物，通过挖掘、保护、传承和展示历史文化内涵，为旅游者提供文化体验、知识获取和精神享受的一种旅游开发模式。该模式强调对历史文化资源的尊重和保护，注重文化传承与旅游发展的有机结合，旨在推动旅游目的地的可持续发展。

1. 历史文化旅游开发模式的核心要素

历史文化旅游开发模式的核心在于丰富的历史文化资源，包括历史遗迹、古建筑、文物、非物质文化遗产等。在开发过程中，必须注重历史文化的传承与展示。通过挖掘历史文化内涵，整理历史文献资料，修复和保护历史遗迹，以及开展丰富多彩的文化活动，让游客深入了解历史文化的魅力和价值。根据历史文化资源的特点和游客需求，设计具有吸引力和参与性的旅游体验项目。通过场景再现、角色扮演、互动体验等方式，让游客身临其境地感受历史文化的魅力，增强旅游体验的深度和广度。

2. 历史文化旅游开发模式的实施路径

对历史文化资源进行全面评估，明确资源的类型、特色和价值。规划应注重保护历史文化资源的原真性和完整性，避免过度商业化和破坏性开发。针对历史遗迹、古建筑等实体资源，采取科学有效的保护措施，防止自然和人为因素的破坏。同时，开展必要的修复工作，恢复其历史风貌和文化价值。对于非物质文化遗产，应注重传承人的培养和技艺的传承，保持其活态性和持续性。根据市场需求和游客偏好，开发具有特色的历史文化旅游产品。包括主题线路设计、景点解说系统建设、文化活动策划等。通过多样化的产品形式和内容，满足游客对历史文化旅游的不同需求。

3. 实例：故宫博物院

故宫博物院，位于中国的心脏——北京市中心，是中国古代皇家宫殿的象征，也是世界上现存规模最大、保存最为完整的木质结构古建筑群之一。作为历史文化旅游开发模式的杰出实例，故宫博物院成功地将深厚的历史文化底蕴与现代旅游需求相结合，为游客提供了独特而深刻的文化旅游体验。

故宫博物院拥有丰富的历史文化资源，其建筑、文物、宫廷文化等都是中华五千年文明的瑰宝。故宫的建筑风格独特，融合了中国传统建筑艺术和哲学思想，体现了古代皇家的威严与尊贵。同时，故宫内珍藏的文物数量庞大、种类繁多，包括书画、陶瓷、玉器、铜器、漆器、珍宝等，展示了中国古代艺术的辉煌成就。此外，故宫还承载着丰富的宫廷文化，如宫廷礼仪、音乐、舞蹈、戏曲等，都是中国传统文化的重要组成部分。故宫博物院的开发始终坚持"保护为主、抢救第一、合理利用、加强管理"的原则。在保护历史文化遗产的前提下，通过科学合理的规划和开发，将故宫打造成为集观光、教育、科研于一体的综合性文化旅游胜地。同时，注重游客体验和服务质量，努力为游客提供舒适、便捷的旅游环境。

二、创新型旅游资源开发模式

（一）生态旅游开发模式

生态旅游开发模式是指在保护自然环境和生物多样性的前提下，通过合理利用生态资源，为旅游者提供具有环境教育、自然体验和文化认知功能的旅游活动的一种开发模式。该模式强调旅游发展与生态环境保护的有机结合，旨在实现旅游业的可持续发展。

1. 生态旅游开发模式的核心理念与特点

生态旅游开发模式将生态环境保护置于首位，确保旅游活动对自然环境的影响最小化。这包括保护生物多样性、维护生态平衡、减少污染等方面。生态旅游注重提升旅游者的环境意识，通过提供自然体验和环境教育活动，使旅游者深入了解自然环境的价值和脆弱性。生态旅游开发模式鼓励当地社区参与旅游规划和管理，确保他们从旅游发展中获得经济、社会和文化利益。生态旅游开发模式追求的是长期、稳定、可持续的旅游发展，注重经济、社会和环境三大效益的协调统一。

2. 生态旅游开发模式的实施路径与策略

对生态旅游资源进行全面评估，明确资源的类型、特色和价值。规划应充分考虑生态环境的承载能力和敏感性，避免过度开发。在旅游开发过程中，采取有效措施保护生态环境，如建立自然保护区、实施生态修复工程等。同时，加强对旅游者和开发者的环境教育，提高他们的环保意识。结合生态资源的特色，设计具有吸引力和参与性的生态旅游产品。这些产品应突出自然体验、环境教育和文化认知等功能，满足旅游者对生态旅游的需求。在保护生态环境的前提下，完善旅游基础设施，如生态步道、观景平台、环保厕所等。同时，加强对基础设施的管理和维护，确保其符合生态旅游的标准和要求。

3. 实例：三亚亚龙湾热带天堂森林公园

三亚亚龙湾热带天堂森林公园位于中国海南岛的三亚市，是集热带雨林、自然景观、民俗文化于一体的生态旅游胜地。作为生态旅游开发模式的杰出实例，该公园成功地将生态保护与旅游发展相结合，为游客提供了独特而深刻的生态旅游体验。

亚龙湾热带天堂森林公园拥有丰富的生态资源，包括热带雨林、珍稀动植物、瀑布溪流等自然景观。这些资源不仅具有极高的生态价值，还为游客提供了亲近自然、探索未知的旅游体验。同时，公园内还保存着丰富的民俗文化和历史遗迹，如黎族村寨、古老的石刻等，展示了海南岛独特的文化魅力。亚龙湾热带天堂森林公园在开发过程中，通过科学合理的规划和开发，确保旅游活动对生态环境的影响最小化。公园内建立了完善的生态保护系统，包括生态监测站、环境保护宣传栏等，加强对生态环境的保护和监管。

（二）乡村旅游开发模式

乡村旅游开发模式是指在农村地区，利用乡村特有的自然风貌、人文景观、农业资源和民俗文化等，为旅游者提供休闲、观光、体验、度假等旅游活动的一种开发模式。该模式旨在促进农村经济发展、传承乡村文化、提升农民生活水平，并实现城乡交流与互动。

1. 乡村旅游开发模式的核心理念与目标

乡村旅游开发模式强调依托乡村独特的自然和人文资源，包括田园风光、古建筑、农耕文化、民俗传统等，打造具有吸引力的旅游产品。鼓励当地农民和社区积极参与乡村旅游的开发和管理，确保他们从旅游发展中获得经济、社会和文化利益，增强乡村的凝聚力和活力。在保护乡村生态环境和文化遗产的前提下，推动乡村旅游的可持续发展，实现经济、社会和环境的协调统一。通过乡村旅游，加强城乡之间的交流与互动，促进资源共享和优势互补，推动城乡一体化发展。

2. 乡村旅游开发模式的实施路径与策略

对乡村旅游资源进行全面评估，明确资源的类型、特色和价值。完善乡村旅游基础设施，包括交通、住宿、餐饮、卫生等方面。同时，注重基础设施与乡村环境的融合，保持乡村的原生态风貌。结合乡村资源的特色，开发具有吸引力和竞争力的旅游产品。注重产品的差异化和创新性，满足游客的多元化需求。例如，可以开发农耕体验、民俗表演、手工艺制作等参与性强的旅游产品。加强对当地农民和从业人员的培训，提高他们的服务意识和技能水平。同时，积极引进外部人才和智力支持，为乡村旅游的发展提供有力保障。

3. 实例：浙江乌镇

浙江乌镇，位于中国浙江省嘉兴市桐乡市，是中国典型的江南水乡古镇，也是乡村旅游开发模式的杰出实例。乌镇以其独特的自然风貌、人文景观和深厚的文化底蕴，吸引了众多游客前来观光、休闲和体验。

乌镇拥有丰富的自然和人文资源。其水乡风貌、古建筑群、石桥小巷等构成了独特的景观特色。此外，乌镇还承载着深厚的文化底蕴，包括传统的手工艺、民俗活动、戏曲表演等，为游客提供了丰富的文化体验。在乡村旅游开发过程中，乌镇通过制定严格的规划和保护措施，确保古镇的原生态风貌和历史文化遗产得到有效保护。同时，注重开发与保护的平衡，实现旅游发展与文化遗产保护的和谐共生。乌镇根据资源特色和文化底蕴，开发了多样化的旅游产品。如古镇观光游、文化体验游、民俗风情游等。这些产品注重游客的参与性和体验性，使游客能够深入了解乌镇的历史文化和风土人情。为了提升游客的旅游体验，乌镇在基础设施建设和服务质量方面下了大力气。一方面，完善交通、住宿、餐饮等基础设施，提高游客的便利度和舒适度；另一方面，加强从业人员的培训和管理，提高他们的服务意识和技能水平，确保为游客提供优质的服务。

第三节　旅游资源开发中的环境保护与可持续发展

一、环境保护在旅游资源开发中的实践

（一）环境保护的基本原则与策略

1. 环境保护的基本原则

第一，可持续发展原则强调在满足当前旅游需求的同时，不损害未来世代满足其旅游需求的能力。它要求旅游资源开发必须考虑经济、社会和环境三个方面的平衡，确保旅游活动对环境的影响在可承受范围内。

第二，预防为主原则提倡在旅游资源开发前进行充分的环境影响评估，预测和识别可能的环境问题，并采取措施预防或减轻这些影响。通过规划和设计阶段的预防性措施，可以降低后期环境治理的成本和难度。

第三，公众参与原则强调在旅游资源开发过程中，应广泛征求和吸纳公众的意见和建议，特别是受影响社区和利益相关者的意见。公众参与不仅有助于提高决策的透明度和公正性，还能够增强公众对旅游环境保护的认同感和责任感。

第四，损害担责原则要求旅游资源开发者对其活动造成的环境损害承担责任。这包括采取补救措施、赔偿损失以及公开道歉等。通过实施损害担责原则，可以强化开发者的环保意识，促使其更加谨慎地进行旅游资源开发。

2. 环境保护的策略

制定并执行一系列环境管理规章制度，确保旅游资源开发活动符合环保

要求。这些制度应包括环境影响评估制度、排污许可制度、环境监测制度等。通过宣传教育、示范引导等方式，提高游客和旅游从业人员的环保意识，倡导绿色出行、低碳消费等环保行为。同时，开发和推广绿色旅游产品，满足游客对环保旅游的需求。建立健全的环境监测体系，实时监测旅游活动对环境的影响。一旦发现环境问题，应立即采取措施进行治理，防止问题扩大化。同时，加强与相关部门的合作与沟通，共同应对环境挑战。通过经济激励和约束机制，引导旅游资源开发者自觉履行环保责任。例如，对符合环保要求的旅游项目给予税收减免、资金扶持等优惠政策；对造成环境损害的行为进行罚款或限制其经营等惩罚措施。

（二）环境影响评估与监测机制

1. 环境影响评估机制

环境影响评估（EIA）是指在决策过程中，对拟议活动可能对环境造成的影响进行预测、评估和提出预防措施的过程。在旅游资源开发中，EIA的主要目的是确保开发活动与自然环境和生态系统相协调，预防和减轻对环境的负面影响。EIA通常包括以下几个步骤：筛选（确定是否需要评估）、范围界定（明确评估的对象、目标和范围）、预测（预测开发活动可能对环境造成的影响）、评估（评价影响的严重性和可接受性）、制定预防措施（提出预防和缓解措施）以及公示评估结果（向公众和相关部门通报评估结果）。通过实施EIA，可以在旅游资源开发早期阶段识别潜在的环境问题，为决策者提供科学依据，促进开发活动与环境保护的协调发展。

2. 环境监测机制

环境监测是指对环境要素进行持续或定期的观测、测量和分析，以获取环境质量状况和环境变化趋势的信息。在旅游资源开发中，环境监测的主要目的是跟踪和评估开发活动对环境的影响，确保开发活动符合环保要求，及时发现和解决环境问题。环境监测通常包括布点（确定监测点位）、采样（采集环境样品）、分析（对样品进行分析测试）、数据处理（处理和分析监测数据）以及报告编制（编制监测报告）等步骤。通过实施环境监测，可以实时掌握旅游资源开发对环境的影响情况，为环境管理提供数据支持，促进开发活动的可持续发展。

3. 环境影响评估与监测机制的关系

环境影响评估与监测机制在旅游资源开发中相互补充、相互促进。EIA主要在开发前进行，重在预测和评估潜在的环境影响，提出预防措施；而环境监测则在开发过程中进行，重在实时跟踪和评估实际的环境影响，确保开发活动符合环保要求。两者共同构成了旅游资源开发中的环境保护体系，确保开发活动与环境保护的协调发展。

（三）绿色旅游与生态旅游的实践

随着全球环境意识的提升和可持续发展理念的深入人心，绿色旅游与生态旅游逐渐成为旅游业发展的新趋势。这两种旅游形式都强调在享受自然和文化资源的同时，保护生态环境、尊重当地文化，并促进地方社区的经济发展。

1. 绿色旅游的实践

绿色旅游鼓励游客选择公共交通、骑行、步行等低碳出行方式，减少私家车的使用，从而减少交通排放对环境的污染。在绿色旅游中，住宿设施通常采用节能建筑设计、可再生能源利用、水资源回收等措施，以降低能源消耗和减少废物排放。绿色旅游提倡游客参与环保活动，如垃圾分类、减少一次性用品的使用、参与当地环保公益项目等，以增强游客的环保责任感和参与感。

2. 生态旅游的实践

生态旅游注重在保护自然环境和生物多样性的基础上，为游客提供亲近自然、体验文化的机会。生态旅游通常在自然保护区、森林公园等具有特殊生态价值的区域进行。在这些区域的旅游开发中，严格遵循生态保护原则，限制游客数量和活动范围，以确保旅游活动不对生态环境造成破坏。生态旅游强调为游客提供生态导览服务，介绍当地的自然生态、生物多样性以及环保知识。通过导览和教育活动，提升游客的生态意识和保护行动。生态旅游注重与当地社区的合作与共赢。通过提供就业机会、培训当地导游、发展特色手工艺品等方式，促进地方经济发展和文化传承，同时确保当地社区从旅游活动中获益。

（四）旅游资源开发中的环境保护措施

在旅游资源开发过程中，环境保护是至关重要的环节，它关系到旅游资源的可持续利用、生态系统的平衡以及地方社区的福祉。因此，采取一系列科学有效的环境保护措施是确保旅游资源开发与环境保护协调发展的关键。

1. 实施环境影响评价与监测

在旅游资源开发前，应进行全面的环境影响评价，预测和评估开发活动可能对环境造成的影响，并提出相应的预防措施。在开发过程中，实施持续的环境监测，及时掌握环境状况的变化趋势，为环境管理提供科学依据。通过环境影响评价与监测，可以确保旅游资源开发活动与环境保护目标相一致。

2. 推广绿色旅游理念与技术

绿色旅游强调在旅游活动中减少对环境的负面影响，同时提升游客的环保意识和行为。在旅游资源开发过程中，应积极推广绿色旅游理念，倡导低碳、环保的旅游方式。同时，引入先进的环保技术和设备，如节能减排技术、污水处理设备等，降低旅游资源开发过程中的能耗和排放，减少对环境的污染。

3. 加强生态旅游区的建设与管理

生态旅游区是具有特殊生态价值的旅游目的地，其建设与管理应遵循生态保护原则。通过科学规划、合理布局，确保生态旅游区的开发与生态环境相协调。同时，加强生态旅游区的管理，限制游客数量和活动范围，防止游客对生态环境造成破坏。此外，加强生态旅游区的宣传与教育，提高游客的生态意识和保护行动。

4. 建立多方参与的合作机制

旅游资源开发涉及多个利益相关方，包括政府、企业、社区和游客等。为确保环境保护措施的有效实施，应建立多方参与的合作机制。政府应发挥主导作用，制定相关政策和法规；企业应积极履行社会责任，采取环保措施；

社区应参与旅游资源的开发与管理；游客应提高环保意识，文明旅游。通过多方合作与共同努力，形成旅游资源开发中环境保护的强大合力。

二、可持续发展在旅游资源开发中的应用

（一）可持续发展的核心理念

随着全球环境问题的日益严峻，可持续发展已成为各行各业共同追求的目标。在旅游资源开发中，可持续发展的应用尤为关键，它关乎自然资源的永续利用、生态系统的长期平衡以及人类文明的和谐发展。

第一，公平性。可持续发展强调当前世代的发展不应损害未来世代的利益。在旅游资源开发中，这意味着资源的利用必须考虑长远影响，确保后代也能享受到自然与文化的遗产。它要求不同地区、不同社会群体之间在资源利用和旅游发展中享有平等的机会和权益。

第二，持续性。可持续性要求旅游资源开发必须建立在生态系统承载能力之内，确保自然资源的再生能力和生态系统的稳定性。这意味着开发活动必须遵循生态规律，避免对环境造成不可逆的损害。

第三，共同性。可持续发展是全球性的目标，需要全人类的共同努力。在旅游资源开发中，这体现为跨国界、跨地区的合作与共享，以及共同应对全球性环境问题的挑战。

（二）旅游资源开发与地方社区发展的关联

1. 旅游资源开发对地方社区的影响

旅游资源开发往往能带动地方经济的增长，通过吸引游客、增加就业机会和提高居民收入等途径，为地方社区带来直接和间接的经济效益。旅游业的繁荣还可以促进相关产业的发展，如交通、餐饮、住宿、手工艺等，从而进一步丰富地方社区的经济结构。旅游资源开发有助于提升地方社区的知名度和形象，增强社区居民的自豪感和归属感。随着旅游业的发展，地方社区的文化交流也会更加频繁，有助于促进文化的多样性和社会的进步。旅游资

源开发不可避免地会对当地环境产生影响，包括自然景观的改变、生态平衡的破坏以及环境污染等。然而，如果开发得当，旅游业也可以成为推动环境保护和可持续发展的重要力量，通过生态旅游、绿色旅游等方式，促进地方社区与自然环境的和谐共生。

2. 地方社区对旅游资源开发的影响

地方社区拥有丰富的自然和文化资源，这些资源是旅游资源开发的基础和依托。社区居民对当地资源的认知和保护意识，直接影响着旅游资源的可持续利用和开发效果。地方社区的支持和参与是旅游资源开发成功的关键。社区居民的态度和行为直接影响着游客的旅游体验和满意度。如果社区居民能够积极参与旅游业的发展，提供优质的服务和友好的环境，将有助于提升旅游目的地的吸引力和竞争力。地方社区的文化传统和习俗是旅游资源的重要组成部分，对于吸引游客和提升旅游品质具有重要意义。通过保护和传承当地文化，地方社区可以为旅游资源开发提供独特的文化魅力和品牌价值。

（三）经济、社会和环境三赢的可持续发展模式

随着全球化和工业化的快速推进，经济、社会和环境之间的相互作用日益凸显。传统的发展模式往往以经济增长为主导，而忽视了社会公平和环境保护，导致了一系列不可持续的问题。因此，探索一种能够实现经济、社会和环境三赢的可持续发展模式成为当务之急。

1. 经济可持续性

不同于传统的以 GDP 增长为唯一指标的发展模式，经济可持续性强调增长的质量和效益。这包括提高资源利用效率、促进创新驱动发展、优化产业结构等，以实现更加绿色、低碳和高效的经济增长。循环经济是经济可持续性的重要组成部分，它强调资源的最大化利用和废弃物的最小化排放。通过推广循环经济的理念和实践，如废物回收、再利用和再循环，可以显著降低经济活动对自然资源的依赖和环境的影响。

2. 社会可持续性

社会可持续性强调社会公平和包容性增长。这包括减少贫富差距、提供

平等的教育和医疗机会、保障基本人权等，以确保所有人都能公平地分享发展成果。社区是社会可持续性的重要基石。通过鼓励社区参与决策过程、发展计划和项目实施，可以增强社区的凝聚力和自治能力，促进社区的可持续发展。

3. 环境可持续性

环境可持续性要求在经济和社会发展过程中严格保护生态系统。这包括保护生物多样性、维护生态平衡、恢复退化生态系统等，以确保自然环境的健康和稳定。气候变化是当前全球面临的最大环境挑战之一。环境可持续性要求采取积极措施应对气候变化，包括减少温室气体排放、提高应对气候变化的能力等。

4. 三赢的整合策略

实现经济、社会和环境三赢需要政策层面的协同。政府应制定综合性、一致性和长期性的政策框架，以指导各领域的可持续发展实践。可持续发展是全社会的共同责任。政府、企业、社区和公众等各方应积极参与可持续发展进程，形成合力推动经济、社会和环境的协调发展。创新是实现经济、社会和环境三赢的关键动力。通过技术创新、制度创新和文化创新等，可以打破传统发展模式的束缚，开创可持续发展的新路径。

第六章　旅游产品开发与创新

第一节　旅游产品的概念与类型

一、旅游产品的核心概念

(一) 旅游产品的定义和重要性

旅游产品并非单纯的物质产品，它更多地体现在为旅游者提供的服务和体验上，这些服务和体验通常具有无形性、生产与消费的同时性、不可储存性以及综合性的特点。旅游产品是推动旅游业发展的核心要素，它直接关联着旅游目的地的经济收入。通过旅游产品的开发与销售，可以吸引游客前来消费，从而带动当地餐饮、住宿、交通、娱乐等相关行业的发展，实现经济增长。旅游产品往往承载着丰富的文化内涵和历史信息。通过旅游产品的展示和推广，可以促进不同地域、不同文化背景下人们之间的交流与理解，增进社会和谐与文化多样性。合理开发和利用旅游资源，设计出符合可持续发展理念的旅游产品，可以在保护自然环境的同时，实现旅游业的长期稳定发展。这样的旅游产品不仅为游客提供了高质量的旅游体验，还为当地社区和生态系统带来了可持续的经济、社会和环境效益。具有独特魅力和高品质的旅游产品，能够增强旅游目的地的吸引力和竞争力。通过不断创新和优化旅游产品，旅游目的地可以在激烈的市场竞争中脱颖而出，吸引更多的游客前来参观游览。旅游产品的开发与运营过程中，需要大量的人力资源参与。这不仅为当地居民提供了丰富的就业机会，还有助于提升他们的职业技能和生活水平。

（二）旅游产品的构成要素

旅游产品作为一个综合性的服务集合体，其构成要素多样且相互关联，共同构成了旅游产品的整体框架。

1. 旅游资源

旅游资源，作为旅游产品不可或缺的核心组成，是激发旅游者出游欲望并付诸行动的根本所在。它们既可以是浑然天成的自然奇观，诸如壮丽的山川河流、繁茂的动植物生态；也可以是历经沧桑的人文瑰宝，例如承载着历史记忆的古迹遗址、丰富多彩的民俗文化。这些资源以其独特性、稀缺性和难以抗拒的吸引力，构成了旅游产品魅力和竞争力的基石，不仅为旅游产品的形成提供了丰富的素材，更在其持续发展中扮演着举足轻重的角色。

2. 旅游设施

旅游设施在旅游产品中占据着举足轻重的地位，它们不仅关乎旅游活动的顺畅进行，更直接影响着旅游者的整体体验和满意度。从广义上讲，旅游设施可分为基础设施和旅游服务设施两大类别。基础设施，诸如交通网络、通信系统、供水供电等公共设施，是确保旅游活动得以正常开展的基础和先决条件。而旅游服务设施，则涵盖了酒店住宿、餐饮服务、娱乐场所等多个方面，它们为旅游者提供了从基本的吃、住、行需求，到游览、购物、娱乐等全方位的服务体验。因此，完善和优化旅游设施，对于提升旅游产品的吸引力和竞争力，以及促进旅游业的持续健康发展具有重要意义。

3. 旅游服务

旅游服务可谓是旅游产品的精髓所在，它始终伴随着旅游者的每一步旅程。从导游的细致解说，到酒店的温馨住宿；从便捷的交通安排，到景区内的周到服务，旅游服务的方方面面深刻影响着旅游者的心情与体验。这些服务的质量和水平，不仅关乎旅游者的满意度，更在很大程度上决定了他们的忠诚度。优质的旅游服务，如同点睛之笔，能够显著提升旅游产品的整体品质，使旅游者在享受美景的同时，也能感受到贴心与温暖。这样的服务，无疑为旅游目的地增添了强大的竞争力，成为吸引更多游客的关键因素。

4. 旅游环境

旅游环境是旅游产品存在和发展的外部条件，它包括自然环境和社会环境两个方面。自然环境如气候、地形、水文等，是影响旅游产品开发和旅游者活动的重要因素；社会环境如政治、经济、文化等，则对旅游产品的市场需求和供给产生深远影响。良好的旅游环境能够为旅游者提供舒适、安全的旅游体验，促进旅游产品的可持续发展。

（三）旅游产品的特点

1. 无形性与有形性的结合

旅游产品的无形性是指其提供的服务、体验、情感等是无法触摸的，与传统的实体产品有明显区别。例如，旅游者购买的不仅是景点的门票，更重要的是通过参观景点所获得的愉悦感、文化熏陶等无形价值。然而，旅游产品又离不开有形性的支撑，如旅游景点、旅游设施等都是有形的物质载体，它们与无形服务相结合，共同构成了完整的旅游产品。

2. 生产与消费的同时性

旅游产品的生产与消费是同时进行的。在传统的制造业中，产品通常先生产后销售再消费，但旅游产品不同。旅游者在旅游过程中的吃、住、行、游、购、娱等活动，既是旅游产品的生产过程，又是其消费过程。这种同时性要求旅游产品的提供者必须具备高水平的服务能力和即时反应能力，以满足旅游者的即时需求。

3. 不可储存性与易逝性

旅游产品具有不可储存性和易逝性。由于旅游产品的生产与消费是同时进行的，且主要以服务的形式存在，因此它不能像实体产品那样被储存起来待日后销售。旅游产品的价值随着时间的推移而逐渐降低甚至消失，如酒店的空房、航班的空座等，如果不能在合适的时间销售出去，就会造成损失。这就要求旅游产品的提供者必须具备精准的市场预测能力和高效的产品管理能力。

4. 综合性与整体性

旅游产品是一个综合性的服务集合体，它涵盖了吃、住、行、游、购、娱等多个方面。这些方面相互关联、相互影响，共同构成了旅游产品的整体。任何一个环节的失误都可能导致整个旅游产品的品质下降。因此，在设计和提供旅游产品时，必须全面考虑各个环节的协调和配合，以确保旅游产品的整体品质。

5. 异质性与个性化

由于旅游资源、文化、风俗习惯等方面的差异，不同的旅游目的地所提供的旅游产品往往具有异质性和个性化特点。这种异质性使得旅游产品能够满足不同旅游者的多样化需求。同时，随着个性化消费时代的到来，旅游者越来越追求独特的旅游体验，这也要求旅游产品提供者必须注重产品的个性化和差异化设计。

二、旅游产品的类型

（一）按旅游目的分类

1. 休闲度假型旅游产品

这类旅游产品以满足旅游者休闲、放松和娱乐需求为主要目的。通常情况下，它们围绕海滨、山地、温泉等自然资源展开，为旅游者提供一个远离日常忙碌、恢复身心平衡的环境。休闲度假型旅游产品强调舒适度、服务质量和休闲体验的深度，往往包含高端的酒店住宿、各种娱乐活动以及健康养生服务。

2. 文化教育型旅游产品

文化教育型旅游产品以满足旅游者的文化学习和教育需求为核心目标。这类产品精心选取了历史遗迹、博物馆、艺术展览以及丰富多彩的文化节庆等作为载体，为旅游者打造了一个深入了解目的地独特文化、悠久历史和社会风貌的平台。通过亲身体验和感知，旅游者不仅能够拓宽视野、增长知识，更能促进不同地域、不同文化之间的交流与理解。此外，文化教育型旅游产品还注重提升旅游者的文化素养和审美能力，使他们在欣赏美的同时，也能够更加珍视和保护人类共同的文化遗产。这种寓教于游的方式，既丰富了旅游的内涵，又提升了旅游的价值和意义。

3. 探险挑战型旅游产品

探险挑战型旅游产品专为追求刺激、冒险精神和对新奇体验充满渴望的旅游者而设计。这些产品往往融合了户外运动、极限挑战以及荒野探险等多种元素，例如登山征服高峰、攀岩挑战自我、跳伞感受空中自由、潜水探索水下世界等。参与这类活动的旅游者需要拥有一定的身体素质和相关技能，以应对各种复杂多变的环境和挑战。同时，为了确保旅游者的安全与体验，提供这类产品的机构也必须具备高水平的安全保障措施和专业指导团队，以确保每一位旅游者都能在安全、专业的指导下尽享冒险之旅的乐趣与成就感。

4. 健康疗养型旅游产品

健康疗养型旅游产品主要面向注重身心健康、追求康复疗养效果的旅游者。这类产品常常与知名医疗机构、康复中心或拥有得天独厚自然资源的疗养胜地紧密合作，为旅游者提供中医保健调理、瑜伽冥想放松、温泉水疗舒缓以及森林浴清新等多样化的服务。它们不仅强调周边环境的宁静祥和与自然优美，还让游客能够在清新的空气中放松身心，更注重服务人员的专业素养和技能水平，确保每一位游客都能得到最专业、最贴心的健康疗养体验。

5. 商务会展型旅游产品

商务会展型旅游产品是专为因商务出差、参加会议展览等活动而出行的旅游者设计的。这类产品以会议中心、展览场馆、高端商务酒店等为核心设施，为旅游者构建了一个高效、便捷的商务环境。除了提供如会议策划、执行及专业的商务服务外，还融入了各类商务休闲活动，旨在缓解工作压力，促进商务交流与合作。强调效率、专业性和便利性的商务会展型旅游产品，不仅满足了商务旅游者的基本需求，更为他们创造了一个高品质的商务旅行体验。

（二）按旅游形式分类

1. 团体包价旅游产品

团体包价旅游产品是一种为旅游者提供全方位服务的旅游形式。在这类产品中，旅行社或旅游运营商为旅游者提供包括交通、住宿、餐饮、景点游览在内的一系列服务，并以包价的形式出售给旅游者。这种旅游形式通常适用于大规模的旅游团队，具有价格较低、服务标准化、行程安排紧凑等特点。团体包价旅游产品适合那些希望以较低成本获得全面服务的旅游者，尤其是初次访问目的地或缺乏自主规划能力的旅游者。

2. 散客旅游产品

与团体包价旅游产品相反，散客旅游产品是为个别旅游者或小型旅游团队提供的旅游服务。在这类产品中，旅游者通常自行安排交通、住宿和景点游览等事宜，旅行社或旅游运营商仅提供部分服务或协助。散客旅游产品具有灵活性强、自由度高等特点，能够满足旅游者个性化、多样化的需求。这类产品适合那些具有自主规划能力和特殊需求的旅游者，如家庭出游、朋友聚会等。

3. 半包价旅游产品

半包价旅游产品介于团体包价旅游产品和散客旅游产品之间，是一种部分包价的旅游形式。在这类产品中，旅行社或旅游运营商为旅游者提供部分服务，如交通、住宿或景点门票等，而其余部分则由旅游者自行安排。半包价旅游产品结合了团体包价旅游产品的价格优势和散客旅游产品的灵活性，能够满足旅游者在价格和自由度之间的平衡需求。这类产品适合那些希望获得一定服务保障同时又保留一定自主权的旅游者。

4. 零包价旅游产品

零包价旅游产品是一种完全由旅游者自行安排和购买的旅游形式。在这类产品中，旅行社或旅游运营商仅提供信息咨询、代订服务等辅助性服务，而不涉及具体的行程安排和服务提供。零包价旅游产品具有极高的灵活性和自主性，能够满足旅游者完全按照个人意愿和需求进行旅行的愿望。这类产品适合那些具有丰富旅行经验和高度自主规划能力的旅游者。

5. 单项服务旅游产品

单项服务旅游产品是指旅行社或旅游运营商为旅游者提供的单一服务项目，如交通票务、酒店预订、景点门票等。这类产品通常作为其他旅游产品的补充或辅助出现，以满足旅游者在特定环节上的需求。单项服务旅游产品具有针对性强、选择灵活等特点，能够帮助旅游者解决旅行过程中的具体问题。

（三）按旅游资源性质分类

1. 自然旅游产品

自然旅游产品是以自然资源为主要吸引物的旅游产品。这些自然资源包括山水风光、动植物资源、地质地貌、天文气象等。自然旅游产品强调自然环境的原始性、独特性和生态性，为旅游者提供亲近自然、感受自然之美的机会。

（1）山水风光旅游产品。以名山大川、江河湖海等自然景观为主要吸引物，如黄山、九寨沟、长江三峡等。这类产品注重景观的观赏价值和美学体验，常结合徒步、漂流等户外活动。

（2）野生动植物旅游产品。以珍稀野生动植物资源为特色，如非洲野生动物保护区、亚马逊雨林探险等。这类产品强调生态教育和自然保护意识的培养。

（3）地质地貌旅游产品。以独特的地质构造和地貌形态为卖点，如丹霞地貌、喀斯特地貌、火山地貌等。这类产品注重地质科普和地貌景观的欣赏。

（4）天文气象旅游产品。以观测星空、极光、日出日落等天文气象现象为主要内容，如北极光之旅、高山观日等。这类产品强调天文知识和气象观测的体验。

2. 人文旅游产品

人文旅游产品是以人文资源为主要吸引物的旅游产品。这些人文资源包括历史遗迹、民俗文化、宗教圣地、艺术展览等。人文旅游产品强调文化的传承性、历史性和艺术性，为旅游者提供了解目的地文化、历史和社会的机会。

（1）历史遗迹旅游产品。以古建筑、古遗址、博物馆等历史遗迹为主要载体，如故宫、兵马俑、卢浮宫等。这类产品注重历史文化的传承和展示，常结合考古发掘和文物保护工作。

（2）民俗文化旅游产品。以民间传统习俗、节庆活动、手工艺品等民俗文化为特色，如傣族泼水节、苗族银饰制作等。这类产品强调文化多样性和民族特色的体验，常结合民俗表演和手工艺制作活动。

（3）宗教圣地旅游产品。以宗教建筑、宗教仪式、宗教文化等为主要内容，如佛教寺庙、基督教教堂、伊斯兰教清真寺等。这类产品注重宗教文化的传播和信仰体验，常结合宗教节庆和朝拜活动。

（4）艺术展览旅游产品。以美术馆、画廊、艺术展览等为主要吸引物，如巴黎卢浮宫的艺术藏品、威尼斯双年展等。这类产品强调艺术作品的欣赏和创作灵感的激发，常结合艺术讲座和工作坊活动。

第二节　旅游产品开发的原则与策略

一、旅游产品开发原则

（一）市场导向原则

旅游产品开发的市场导向原则，是指在旅游产品的设计、开发和优化过程中，始终以市场需求和消费者偏好为核心指导原则。这一原则强调对市场的深入调研和准确理解，以确保旅游产品的开发能够紧密贴合市场需求，实现产品的市场化和商业化成功。

市场导向原则要求旅游产品的开发者具备敏锐的市场洞察力。他们需要通过各种市场研究手段，如问卷调查、消费者访谈、竞品分析等，全面了解目标市场的消费者特征、需求偏好、消费习惯以及市场趋势。这些信息是旅游产品开发的宝贵输入，能够帮助开发者准确把握市场脉搏，避免盲目开发和资源浪费。市场导向原则强调旅游产品的差异化和特色化。在激烈的市场竞争中，只有具备独特魅力和鲜明特色的旅游产品，才能吸引消费者的注意并赢得他们的青睐。因此，开发者需要根据市场需求和消费者偏好，深入挖掘目的地的独特资源和文化内涵，打造具有地方特色和品牌优势的旅游产品。

市场导向原则还要求旅游产品的开发具备灵活性和创新性。市场是不断变化的，消费者的需求和偏好也在不断演进。因此，旅游产品的开发不能一成不变，而需要根据市场变化及时调整和优化。同时，开发者还需要保持创新思维，不断探索新的产品开发理念和技术手段，以满足消费者日益多样化的需求。此外，市场导向原则的实现需要建立完善的市场反馈机制。通过收集和分析消费者的反馈意见和使用体验，开发者可以及时了解产品的市场表现和存在的问题，进而进行有针对性的改进和优化。这种持续的市场反馈和产品迭代过程，有助于确保旅游产品的持续竞争力和市场生命力。

（二）特色化原则

旅游产品开发的特色化原则，是指在旅游产品设计和开发过程中，强调突出产品的独特性和与众不同之处，以形成鲜明的市场形象和品牌特色。这一原则对于提升旅游产品的吸引力、竞争力和可持续发展具有重要意义。

特色化原则要求开发者深入挖掘目的地的独特资源。每个旅游目的地都拥有自己独特的自然风貌、历史文化、民俗风情等，这些都是形成旅游产品特色的宝贵资源。开发者需要通过深入调研和挖掘，将这些独特资源转化为具有市场吸引力的旅游产品，从而满足旅游者对于新奇、独特体验的追求。特色化原则强调产品的差异化和个性化。在旅游市场竞争日益激烈的背景下，只有具备差异化和个性化的旅游产品，才能在市场中脱颖而出。因此，开发者需要注重产品的创新和特色打造，避免与竞品雷同，形成自己独特的产品风格和品牌形象。

特色化原则还要求开发者注重产品的文化内涵。旅游产品不仅是一种物质产品,更是一种文化产品。开发者需要将目的地的历史文化、民俗风情等融入产品中,提升产品的文化品位和内涵,使旅游者在享受美景的同时,也能感受到目的地的文化魅力。此外,特色化原则的实现需要建立完善的产品开发和管理体系。开发者需要制定明确的产品开发策略,注重产品的设计、包装和推广,形成完整的产品链条。同时,还需要加强产品的管理和维护,确保产品的品质和特色得以持续保持和提升。

(三)游客体验原则

旅游产品开发的游客体验原则,是指在设计、开发旅游产品的全过程中,始终以游客的体验质量和满意度为核心考虑。这一原则体现了现代旅游业从传统的以资源为导向转变为以市场和游客需求为导向的发展理念。

游客体验原则强调旅游产品的全息感知性。即产品应能触动游客的多种感官,包括但不限于视觉、听觉、触觉、味觉和嗅觉,为其提供全面、立体的体验。这就要求开发者在产品设计时,不仅关注景点的物理属性和功能,还要深入挖掘其情感价值和社会意义,确保每一个细节都能与游客产生共鸣。该原则注重游客的参与性和互动性。传统的旅游产品往往以观光为主,游客的参与度和互动性较低。而在游客体验原则指导下开发的旅游产品,则更注重游客的主动参与和深度互动,通过设计各种互动活动和项目,使游客能够深入体验目的地的文化和生活方式。

游客体验原则还要求旅游产品具有个性化和定制化特点。随着旅游市场的日益细分和游客需求的多样化,"一刀切"的旅游产品已不能满足市场需求。开发者需要根据游客的年龄、性别、文化背景、兴趣爱好等特征,提供个性化和定制化的产品和服务,以满足游客的差异化需求。此外,该原则强调旅游产品的持续性和动态性。游客体验是一个持续的过程,涉及游前、游中、游后等多个阶段。开发者需要在产品的全生命周期内,持续关注游客的需求和反馈,及时调整和优化产品,确保游客体验的连贯性和一致性。同时,由于市场和游客需求是不断变化的,开发者还需要保持敏锐的市场洞察力,不断推陈出新,为游客提供新鲜、有趣的体验。

二、旅游产品开发策略

(一) 创新驱动策略

在旅游产品开发策略中，创新驱动策略是一种强调通过创新手段来推动旅游产品升级换代的策略。它要求开发者在产品设计、功能实现、服务提供等方面不断引入新理念、新技术和新方法，以满足市场日益多样化的需求，提升旅游产品的竞争力和吸引力。

创新驱动策略强调思维模式的创新。传统的旅游产品开发往往局限于既定的模式和框架内，缺乏突破性和创新性。而创新驱动策略则要求开发者打破常规，敢于尝试未知领域，以全新的视角和思维方式审视和解决产品开发中的问题。这种思维模式的创新是旅游产品创新的基础和前提。该策略注重技术创新的应用。随着科技的不断进步，新技术、新材料、新工艺等不断涌现，为旅游产品的开发提供了广阔的空间和可能。开发者需要积极跟踪和应用这些新技术，将其融入旅游产品中，提升产品的科技含量和附加值。例如，通过引入虚拟现实、增强现实等技术，为游客提供更加沉浸式的旅游体验；利用大数据、人工智能等技术，实现旅游产品的智能化和个性化定制。

创新驱动策略还要求开发者注重服务创新。旅游产品不仅包括有形的景点和设施，还包括无形的服务。服务的质量和水平直接影响着游客的体验和满意度。因此，开发者需要在服务提供上不断创新，提升服务的专业化、个性化和精细化水平。例如，通过提供定制化的旅游线路设计、专属的导游服务等，满足游客的个性化需求；利用互联网技术，提供便捷的在线预订和支付服务，提升游客的旅游体验。此外，创新驱动策略的实现需要建立完善的创新机制。开发者需要营造鼓励创新的文化氛围，建立灵活高效的组织结构，吸引和培养具有创新精神的人才。同时，还需要加强与外部机构的合作与交流，引入外部的创新资源和智慧，共同推动旅游产品的创新与发展。

(二) 品牌建设策略

在旅游产品开发中，品牌建设策略是一种旨在通过塑造独特、鲜明且具有高度辨识度的品牌形象，以提升旅游产品知名度、美誉度和忠诚度的策略。该策略强调在产品开发、市场营销、服务提供等各个环节中，始终贯穿品牌理念和品牌价值观，从而实现品牌与市场的深度融合。

品牌建设策略注重品牌定位的准确性。品牌定位是品牌建设的核心，它决定了品牌在目标市场中的竞争位置和消费者心智中的站位。在旅游产品开发中，开发者需要通过深入的市场调研和消费者分析，明确目标市场的需求和偏好，以及竞争对手的优势和劣势，从而确定自身品牌的独特卖点和市场定位。这种定位应既符合市场需求，又能体现品牌的独特性和差异化优势。品牌建设策略强调品牌形象的塑造。品牌形象是消费者对品牌的整体感知和印象，它包括品牌的视觉识别、语言识别、行为识别等多个方面。在旅游产品开发中，开发者需要通过设计独特的品牌标识、口号、包装等元素，以及规范员工的服务行为、景区的运营管理等方式，塑造出鲜明、统一的品牌形象。这种形象应能够准确传达品牌的核心价值和理念，同时与消费者的情感产生共鸣。

品牌建设策略还注重品牌传播的有效性。品牌传播是品牌建设的重要环节，它决定了品牌形象能否准确、高效地传递给目标消费者。在旅游产品开发中，开发者需要制定科学的传播策略，选择合适的传播渠道和方式，如广告、公关、社交媒体等，将品牌信息有效传递给目标消费者。同时，还需要加强与消费者的互动和沟通，及时回应消费者的反馈和意见，以维护良好的品牌声誉和口碑。此外，品牌建设策略的实现需要建立完善的品牌管理体系。品牌管理是一个持续的过程，它包括品牌的战略规划、组织实施、监控评估等多个环节。在旅游产品开发中，开发者需要制定明确的品牌发展目标和计划，建立专门的品牌管理机构或团队，负责品牌的日常运营和维护工作。同时，还需要定期对品牌的市场表现进行评估和审计，及时发现和解决品牌发展过程中的问题和挑战。

（三）市场营销策略

市场营销策略在旅游产品开发中扮演着至关重要的角色，它涉及产品的定位、推广、销售以及与市场的互动等多个方面。一个成功的市场营销策略能够显著提升旅游产品的知名度、吸引力和市场份额。

市场营销策略的核心是市场细分与目标市场选择。通过深入的市场研究，开发者可以将整个旅游市场划分为若干个具有相似需求和特征的细分市场。随后，根据企业的资源、能力和竞争状况，选择最具吸引力和潜力的目标市场进行深入开发。这种策略有助于确保旅游产品与目标市场的需求和偏好高度契合，从而提高营销效率和效果。市场营销策略强调产品的差异化与定位。在竞争激烈的旅游市场中，产品的差异化和独特定位是吸引消费者的关键。开发者需要深入挖掘旅游产品的独特卖点，如文化特色、自然风光、历史遗迹等，并通过有效的营销手段将这些卖点传达给目标消费者。同时，产品的定位也应与竞争对手形成鲜明对比，从而在消费者心智中占据独特的位置。

市场营销策略还注重整合营销传播的运用。整合营销传播强调通过多元化的传播渠道和手段，如广告、公关、销售促进、社交媒体等，将统一的营销信息传递给目标消费者。在旅游产品开发中，开发者需要制定全面的营销传播计划，确保各种传播手段之间的协同和互补，以实现营销效果的最大化。此外，市场营销策略的实施需要建立完善的营销组织和监控体系。开发者需要组建专业的营销团队，负责策略的制定、执行和监控。同时，还需要建立一套科学的营销效果评估体系，定期对各项营销活动的效果进行评估和分析，以便及时发现问题并进行调整。

（四）合作共赢策略

合作共赢策略在旅游产品开发中，强调的是不同利益相关者之间的协同合作与共同利益追求。这一策略认为，通过有效的合作与资源共享，可以实现旅游产品的优化升级和市场的共赢发展。

合作共赢策略注重资源的整合与优化。在旅游产品开发过程中，涉及的资源种类繁多，包括自然资源、文化资源、人力资源、资金资源等。单一主体往往难以独自拥有和充分利用这些资源，因此需要通过合作的方式，实现资源的整合与优化。例如，地方政府可以与旅游企业合作，共同开发当地的旅游资源，实现资源的有效转化和利用。合作共赢策略强调利益相关者的协同合作。这些利益相关者之间往往存在着不同的利益诉求和期望，需要通过合作的方式，找到利益的共同点和平衡点。例如，旅游企业可以与社区居民合作，共同开发具有当地特色的旅游产品，实现企业与社区的共赢发展。

合作共赢策略还注重市场的共赢发展。旅游市场是一个竞争与合作并存的市场，只有通过合作才能实现市场的共赢发展。在旅游产品开发中，需要注重市场的需求和变化，及时调整产品策略和合作方式，以满足市场的多样化需求。例如，不同地区之间可以开展旅游合作，共同推广跨区域的旅游产品，实现市场的共赢发展。此外，合作共赢策略的实现需要建立完善的合作机制和保障体系。合作机制包括合作的方式、合作的内容、合作的期限等，需要明确各方的责任和权益。保障体系则包括法律法规、政策支持、资金保障等，为合作提供必要的支持和保障。

第三节　旅游产品创新的途径与实践

一、旅游产品创新的途径

（一）资源整合与创新

在旅游产品创新中，资源整合与创新被视为一种核心途径，它通过重新组合现有资源或引入新资源，打破传统的发展模式，从而为旅游产品带来新的生命力和竞争优势。这一途径不仅涉及物质资源的整合，还包括文化、知识、技术等无形资源的有效利用。

从物质资源整合的角度看，旅游产品创新强调对自然景观、历史文化遗址、特色建筑等现有资源的深度挖掘与合理配置。通过科学规划和精心设计，这些原本孤立的资源可以组合成富有吸引力和独特性的旅游产品线或主题旅游区，实现资源的增值利用。同时，这种整合也包括对新资源的探索和引入，如新兴旅游目的地的开发、新型旅游项目的策划等，以满足旅游市场的多样化需求。文化资源的整合与创新在旅游产品创新中占据重要地位。旅游产品的文化内涵是吸引游客的关键因素之一，因此，对地域文化、民族文化、历史文化等文化资源的深入挖掘和巧妙融合，能够创造出独具特色的文化旅游产品。通过文化节庆活动、主题演出、特色体验项目等形式，可以将文化资源转化为旅游产品的核心竞争力，提升旅游目的地的整体品牌形象。

技术创新是推动旅游产品创新不可或缺的力量。现代科技的飞速发展为旅游产品创新提供了无限可能。例如，通过应用大数据、人工智能等技术手段，可以实现旅游资源的智能化管理和个性化服务；虚拟现实、增强现实等技术的运用则能够创造出身临其境的旅游体验；而物联网技术的引入则可以提升旅游景区的运营效率和游客满意度。这些技术创新不仅优化了旅游产品的功能和服务质量，还催生了全新的旅游业态和商业模式。需要强调的是，资源整合与创新是一个动态的过程，它要求旅游产品开发者具备敏锐的洞察力和创新思维。在实践中，这往往意味着跨部门、跨行业、跨地域的协作与联动，以实现资源的最大化利用和旅游产品的最优创新。同时，这也要求政府、企业、研究机构等各方利益相关者共同参与，形成多方合作、共同创新的良好生态。只有这样，才能在激烈的市场竞争中脱颖而出，为旅游业的长远发展注入源源不断的动力。

（二）技术创新与应用

在旅游产品创新领域，技术创新与应用被视为推动行业持续发展的关键动力。通过引入新兴科技和创新理念，旅游产品能够实现功能升级、体验优化和市场竞争力提升。

技术创新为旅游产品创新提供了强大的技术支撑。随着科技的不断发展，诸如大数据、人工智能、物联网、虚拟现实等先进技术逐渐渗透旅游行业中。这些技术的应用使得旅游产品能够突破传统模式，实现智能化、个性化和互动化。例如，通过大数据分析，旅游企业可以精准地掌握游客的需求和行为模式，从而推出更符合市场需求的旅游产品；虚拟现实技术则能够为游客提供沉浸式的旅游体验，以增强旅游产品的吸引力。技术创新推动了旅游产品的功能升级。传统的旅游产品往往局限于观光、娱乐等基本功能，而技术创新则使得旅游产品具备了更多的附加值功能。例如，通过物联网技术，旅游产品可以实现智能导览、实时翻译、紧急救援等多元化服务；人工智能技术则可以应用于酒店预订、行程规划、智能客服等领域，提升旅游产品的便捷性和舒适度。这些功能升级不仅满足了游客的多样化需求，也提升了旅游产品的整体竞争力。

技术创新还有助于优化旅游产品的体验。在旅游过程中，游客的体验质量直接关系到旅游产品的口碑和市场表现。通过引入技术创新，旅游产品可以提供更加个性化、定制化的服务，满足游客的独特需求。例如，基于位置服务的智能推荐系统可以根据游客的实时位置和兴趣偏好，为其推荐附近的景点、餐厅等旅游资源；智能语音助手则可以提供实时的语音导览和讲解服务，提升游客的参观体验。需要指出的是，技术创新与应用在旅游产品创新中并非孤立存在，而是需要与其他创新途径相结合。例如，在资源整合与创新方面，技术创新可以帮助实现旅游资源的数字化、网络化共享；在市场需求导向的创新方面，技术创新则可以提供精准的市场分析和营销策略支持。因此，只有将技术创新与其他创新途径相融合，才能充分发挥其在旅游产品创新中的潜力。

（三）市场需求导向的创新

在旅游产品创新领域，市场需求导向的创新是一种重要的策略，它强调紧密关注市场动态和消费者需求变化，并以此为基础进行产品设计和开发。这种创新途径确保了旅游产品与市场需求的高度契合，从而提升了产品的竞争力和市场占有率。

市场需求导向的创新要求深入进行市场调研和分析。通过收集和分析游客的偏好、行为模式、消费习惯等数据，旅游企业能够准确把握市场需求的现状和趋势。这种市场洞察为旅游产品创新提供了有力的数据支持，确保了新产品能够满足目标市场的真实需求。市场需求导向的创新强调产品的个性化和差异化。通过深入挖掘目标市场的独特需求和偏好，旅游企业可以开发出具有鲜明特色和竞争优势的旅游产品。这种个性化和差异化的产品策略有助于提升游客的满意度和忠诚度，进而增强旅游企业的市场竞争力。

市场需求导向的创新还注重产品的动态调整和优化。市场需求是不断变化的，因此旅游产品也需要随之进行动态调整和优化。通过持续收集游客反馈和市场信息，旅游企业可以及时发现产品的不足之处并进行改进。这种持续优化的产品策略确保了旅游产品始终与市场需求保持同步，从而延长了产品的生命周期并提升了市场表现。此外，市场需求导向的创新要求旅游企业具备敏锐的市场洞察力和快速响应能力。在瞬息万变的市场环境中，旅游企业需要时刻保持对市场的敏感度和警觉性，以便及时发现和抓住市场机遇。同时，企业还需要建立灵活高效的组织结构和流程，以确保能够快速响应市场需求变化并进行产品创新。

二、旅游产品创新实践

(一) 旅游产品创新实践的内涵与重要性

旅游产品创新实践是旅游行业持续发展的核心动力，它涉及从新产品的构思、设计到市场推广的整个过程。在这个过程中，企业不仅需要对内外部环境进行深入分析，还需要运用多种创新策略和方法，以确保新产品能够满足市场需求并实现商业成功。旅游产品创新实践是指旅游企业在市场调研和消费者需求分析的基础上，通过整合内外部资源，运用新技术、新理念和新方法，开发出具有独特性、吸引力和竞争力的新产品的过程。这种实践对于提升旅游企业的市场竞争力、满足游客的多样化需求以及推动旅游行业的持续发展具有重要意义。

(二) 旅游产品创新实践的主要步骤

1. 市场调研与需求分析

市场调研与需求分析是旅游产品创新实践的基石。在这一阶段，企业深入探索目标市场的内在动态，通过精心设计的问卷、深度访谈、在线行为追踪等手段，广泛而系统地收集游客的需求、偏好、消费习惯以及潜在期望。这些数据不仅揭示了当前市场的热点和空白，还为企业描绘出未来可能的发展趋势。细致入微地分析进一步加深了企业对市场的理解，使其能够精准地识别出不同游客群体的独特需求和期望。这种深入理解为企业提供了宝贵的市场洞察，成为新产品开发过程中不可或缺的指南。通过将这些洞察转化为具体的产品特性和服务设计，企业能够确保所推出的新产品不仅紧密贴合市场需求，更能在激烈的市场竞争中脱颖而出。

2. 产品构思与设计

产品构思与设计是旅游产品创新实践中的关键环节。在市场调研的坚实基础上，企业需充分发挥创新思维，进行细致入微的产品构思和设计。这一过程远非简单的想象，而是需要深入考虑产品的核心主题、独特特色、实用功能以及合理定价等多个维度。产品的主题应紧扣目标市场的兴趣点，特色则需鲜明突出，能够在众多竞品中脱颖而出。功能设计要注重实用性和用户体验，确保游客在使用过程中感受到便捷与舒适。同时，价格策略的制定也不容忽视，需根据目标市场的消费能力和接受度进行合理设置。通过这样的构思与设计，企业能够确保所推出的新产品不仅满足市场的真实需求，更能在激烈的市场竞争中占据一席之地，为企业的长远发展奠定坚实的基础。

3. 资源整合与开发

资源整合与开发在旅游产品创新实践中扮演着至关重要的角色。为了实现产品的独特性和市场竞争力，企业必须精心整合内外部的各类资源。这些资源涵盖了丰富多彩的自然景观、深厚的历史文化底蕴、高素质的人力资源以及尖端的技术资源等。在资源整合过程中，企业需要运用科学的方法和策略，对这些资源进行合理配置和优化。通过深入挖掘自然景观的独特魅力、融合历史文化的精髓、发挥人力资源的创造力和专业技能，以及应用先进的技术手段，企业能够将这些资源有效转化为旅游产品的核心竞争力。这种转化不仅能够提升产品的品质和吸引力，还能够增强企业在市场中的竞争优势，为旅游行业的持续发展注入新的活力。

4. 产品测试与调整

产品测试与调整是旅游产品创新实践中不可或缺的步骤。在新产品开发告一段落后，企业需要对其进行全面的产品测试。这一过程旨在通过收集目标市场的反馈和数据，评估产品的市场接受度和实际竞争力。测试可能涉及焦点小组讨论、用户试用、问卷调查等多种方法，以确保数据的广泛性和有效性。测试的结果将为企业揭示产品在市场中的优势和潜在不足。根据这些宝贵的反馈，企业可以对产品进行细致入微的调整和优化。这可能涉及产品功能的完善、用户体验的提升、价格的调整或市场定位的优化等方面。通过这样的迭代过程，企业能够确保最终推出的旅游产品更加符合市场期待，从而为其在激烈的市场竞争中获得成功奠定坚实的基础。

5. 市场推广与销售

市场推广与销售是旅游产品创新实践中的最后一道工序，也是确保新产品能够成功进入市场并实现商业价值的关键环节。在这一阶段，企业需要精心制定全面的市场推广和销售策略，以确保新旅游产品能够被目标市场广泛知晓和积极接受。具体而言，企业需要制定详尽的营销计划，明确推广目标、受众定位、推广渠道、预算分配等关键要素。同时，选择合适的销售渠道也至关重要，无论是线上平台还是线下门店，都需要根据产品特点和目标市场习惯进行精心选择。此外，品牌宣传也是不可或缺的一环，通过打造独特的品牌形象和故事，企业能够提升产品的知名度和美誉度，进而吸引更多潜在游客的关注和购买。通过这些综合手段，企业可以有力地推动新旅游产品在市场中的推广与销售，实现商业成功。

第七章　旅游资源的保护与可持续发展

第一节　旅游资源保护的重要性与原则

一、旅游资源保护的重要性

（一）维持生态平衡与生物多样性

旅游资源，作为自然与文化遗产的重要组成部分，不仅为旅游业提供了发展的基础，同时也是地球生物多样性与生态平衡的关键要素。

生态平衡是指生态系统中各组成成分之间，在结构、功能和信息上保持相对稳定和协调的状态。而旅游资源，特别是自然旅游资源，如森林、湖泊、湿地等，往往是这些生态系统中的关键组成部分。当这些资源受到破坏或过度开发时，生态系统的平衡将被打破，导致生物种群的减少、环境质量的下降以及生态服务功能的衰退。这不仅会影响到旅游资源的品质和吸引力，更会对整个区域的生态环境带来长期的不利影响。生物多样性是指生物圈中所有生物种类的丰富程度和它们所拥有的基因，以及这些生物与环境之间所形成的复杂的生态系统。旅游资源中的生物多样性是旅游业吸引力的重要来源，如丰富的动植物种类、独特的生态系统等。然而，不当的旅游开发和管理往往会对生物多样性造成威胁，如生境的破坏、物种的减少、遗传资源的丧失等。这不仅降低了旅游资源的科学和文化价值，也削弱了其作为生物多样性保护和科学研究基地的功能。

（二）保障旅游资源的可持续利用

旅游资源是旅游业发展的物质基础。无论是自然风光、历史遗迹，还是民俗文化，这些资源都承载着独特的自然价值和人文价值。然而，旅游资源并非无限，其数量和质量都受到自然环境和人类活动的双重影响。因此，保护旅游资源，防止其过度开发和退化，是确保旅游业持续、健康发展的前提。可持续利用是旅游资源管理的核心理念。它强调在满足当代人旅游需求的同时，不损害后代人满足其旅游需求的能力。这就要求我们在旅游资源的开发、利用和管理过程中，必须遵循生态优先、保护优先的原则，实现经济、社会和环境的协调发展。此外，旅游资源保护对于促进地方经济发展和文化传承也具有重要意义。一方面，保护旅游资源可以吸引更多的游客，带动相关产业的发展，从而创造更多的就业机会和经济效益。另一方面，旅游资源往往承载着丰富的历史文化信息，是地方文化传承的重要载体。通过保护这些资源，我们可以更好地传承和弘扬地方文化，增强地方的文化认同感和凝聚力。

（三）促进地方经济发展与文化传承

在旅游资源的多维价值中，其对地方经济发展与文化传承的推动作用尤为显著。谈及地方经济发展，旅游资源无疑是一个重要的增长引擎。旅游业作为一种典型的绿色产业，其对于地方经济的拉动作用表现在多个层面：旅游资源的开发与利用直接创造了就业机会，提高了当地居民的收入水平；旅游活动带动了相关产业如餐饮、住宿、交通等的发展，形成了产业链效应；旅游消费的增加刺激了地方市场的活力，促进了商品和服务的流通。然而，这一切的前提是旅游资源得到有效保护，确保其吸引力与品质不受损害，从而实现旅游业的可持续发展。旅游资源在文化传承方面扮演着不可或缺的角色。许多旅游资源本身就是文化遗产的载体，如历史古迹、传统村落、民俗活动等。这些资源不仅承载着地方的历史记忆和文化脉络，更是地方文化认同和归属感的重要源泉。通过旅游资源的保护与开发，地方文化得以在更广泛的范围内传播和推广，增强了外界对地方文化的认知和尊重。同时，旅游业的发展也促进了地方文化的创新与发展，使其在与现代社会的融合中焕发出新的生机与活力。

（四）提升旅游目的地吸引力与竞争力

在全球化与旅游业迅猛发展的背景下，旅游目的地的吸引力与竞争力成为衡量其成功与否的关键因素。而旅游资源的保护，则在这两方面发挥着举足轻重的作用。

1. 有助于维持和提升旅游目的地的自然与人文景观质量

旅游资源的保护在维持和提升旅游目的地景观质量方面起着至关重要的作用。这些资源的独特性、稀缺性和美学价值，正是构成其吸引力的核心要素。对于游客而言，一个地方的特色景观往往是他们选择旅游目的地的关键因素。因此，保护这些不可再生的旅游资源，防止其因各种因素而遭受破坏或退化，就显得尤为重要。通过实施有效的保护措施，可以确保旅游目的地的自然景观和人文景观得到妥善维护，从而长期保持其对游客的吸引力。当游客置身于风光秀丽、文化深厚的环境中时，他们的旅游体验将会得到极大提升，对目的地的满意度和忠诚度也会随之增强。这不仅有助于提升旅游目的地的口碑和品牌形象，更能为当地的旅游业带来持续、稳定的发展动力。

2. 有助于增强旅游目的地的品牌形象和知名度

旅游资源保护对于增强旅游目的地的品牌形象和知名度具有显著影响。一个备受赞誉的旅游目的地，其背后往往有着独特且珍贵的旅游资源作为支撑，这些资源可能是壮丽的自然风光、历史悠久的文化遗产，或是兼具自然与文化双重价值的景观。例如，世界遗产地和国家级风景名胜区等，都是因其无与伦比的资源价值而蜚声国际。这些宝贵资源的保护和管理水平，直接关系到旅游目的地在游客和投资者心中的形象和声誉。若资源得到妥善保护，目的地的吸引力便能持久不衰；反之，若资源遭受破坏，目的地的魅力也会大打折扣。因此，通过实施一系列有效保护措施，旅游目的地不仅能够确保资源的永续利用，还能够塑造出积极、负责任的对外形象，从而吸引更多游客的到访和投资者的青睐。

3. 有助于提升旅游目的地的综合竞争力

旅游资源保护在提升旅游目的地综合竞争力方面扮演着举足轻重的角色。在如今激烈的市场竞争环境下，旅游目的地必须持续提高自身的产品质量和服务水平，以确保在游客心中占据一席之地。而旅游资源的保护，正是这一提升过程中不可或缺的一环。通过精心保护旅游资源，旅游目的地能够确保其核心吸引力的长久存在，进而为游客提供更加多样化、高品质的旅游产品。这些产品不仅能满足游客日益增长的个性化需求，还能让他们在旅途中获得更深层次的体验和感悟。同时，旅游资源的保护也能带动当地社区居民的积极参与，提高他们的满意度和归属感。这种社区参与和满意度的提升，无疑会进一步增强旅游目的地的社会竞争力，使其在激烈的市场竞争中脱颖而出。

二、旅游资源保护的原则

（一）可持续性原则

旅游资源保护的可持续性原则是指在保护和利用旅游资源时，要确保其能够满足当前人们的需求，同时又不损害后代人满足其需求的能力。为实现这一原则，必须将长期规划与短期行动紧密结合。长期规划是旅游资源保护的基石。它涉及对旅游资源的全面评估、对未来发展趋势的预测，以及制定相应的保护策略和目标。长期规划的核心在于确保旅游资源的可持续利用，避免过度开发和短视行为。通过科学合理的规划，可以明确旅游资源的保护方向，为未来的旅游发展奠定坚实的基础。然而，仅有长期规划是不够的。短期行动是实现长期规划目标的关键。它涉及具体的保护措施、管理手段的落实，以及对突发事件的应对。短期行动需要针对当前的问题和挑战，迅速采取有效的措施，确保旅游资源的即时保护和利用。同时，短期行动还需要与长期规划保持一致，确保每一步的行动都朝着既定的目标前进。因此，旅游资源保护的可持续性原则要求我们在制定长期规划的同时，积极采取短期行动。两者相互补充、相互促进，共同推动旅游资源的可持续利用和保护。通过长期规划与短期行动的结合，我们可以确保旅游资源在满足当前人们需求的同时，也能为后人留下宝贵的自然和文化遗产。

（二）整体性原则

1. 旅游资源的整体保护观念

整体保护观念是整体性原则在旅游资源保护实践中的具体体现。它强调在保护旅游资源时，应注重资源的整体性和完整性，避免将其割裂或碎片化。这一观念认为，旅游资源是一个由多个元素和组成部分构成的复杂系统，每个元素和组成部分都有其独特的价值和功能。因此，在保护过程中，应关注各个元素和组成部分之间的相互关系和影响，确保它们共同构成一个完整、和谐的整体。

为了实现整体保护观念，必须采取一系列综合性的保护措施和管理手段。这首先包括加强法律法规的建设，确保旅游资源的保护有法可依、有章可循。同时，还需要完善监管机制，加强对旅游资源的日常管理和监督，防止任何形式的破坏和滥用。此外，提高公众参与度也是至关重要的，通过教育和宣传，增强公众对旅游资源价值的认识和保护意识。同时，还应注重科技创新和人才培养，运用先进的技术手段提升保护效率，培养专业的保护人才，为旅游资源的整体保护事业提供持续的动力和支持。通过这些措施的综合实施，可以推动旅游资源保护事业不断向前发展，确保旅游资源的永续利用和可持续发展。

2. 跨部门、跨领域的合作机制

在旅游资源保护的整体性原则下，跨部门、跨领域的合作机制显得尤为重要。这种合作机制不仅有助于提升旅游资源保护的全面性和有效性，还能促进不同部门和领域之间的资源共享与优势互补，从而形成更加完善的保护体系。跨部门合作意味着旅游资源保护不再仅仅是某一部门或机构的单一职责。由于旅游资源涉及自然、文化、社会等多个方面，其保护工作需要多个部门的共同参与和协作。例如，自然资源的保护可能需要环保部门的介入，文化遗产的保护则需要文化部门的支持。通过跨部门合作,可以形成多方联动、齐抓共管的良好局面,确保旅游资源得到全面、系统的保护。

　　跨领域合作有助于整合不同领域的专业知识和技术资源,为旅游资源保护提供更加科学、专业的支持。随着科技的进步和学科的发展,旅游资源保护面临着越来越多的技术挑战和复杂问题。通过跨领域合作,可以引入其他学科和领域的先进理念和技术手段,为解决这些问题提供新的思路和方法。例如,地理学、生态学、历史学等多个学科的知识和技术在旅游资源保护中都有广泛的应用前景。跨部门、跨领域的合作机制还有助于提升旅游资源保护的社会认知度和公众参与度。通过多个部门和领域的共同宣传和教育,可以增强公众对旅游资源价值的认识和保护意识,形成全社会共同参与的良好氛围。同时,这种合作机制还可以为公众提供更多的参与渠道和平台,使他们能够更加积极地参与到旅游资源保护的实际工作中。

(三) 公众参与原则

1. 公众教育与意识提升

　　在公众参与原则中,公众教育与意识提升被视为实现有效公众参与的关键环节。这一环节不仅关乎公众对旅游资源保护的理解与认同,更影响着他们参与保护行动的积极性和持久性。

　　公众教育在公众参与原则中占据核心地位,它旨在通过传播知识、提升技能、改变态度等方式,增强公众对旅游资源保护的认识和能力。通过系统的教育活动,向公众普及旅游资源保护的相关知识,包括旅游资源的类型、价值、保护意义以及保护方法等。这有助于公众形成全面、准确的认识,为后续的参与行动提供知识支撑。教育不仅限于知识的传授,还包括技能的培养。通过教育和培训,提升公众在旅游资源保护方面的实践技能,如环境监测、资源利用规划等,使公众能够更加有效地参与到保护工作中。公众教育还致力于引导公众转变对旅游资源保护的态度,从旁观者转变为积极参与者。通过教育引导,激发公众的责任感和使命感,使他们能够更加自觉地投入保护工作中。

意识提升是公众教育的深层次目标，它强调在知识普及和技能提升的基础上，进一步唤醒公众的自主意识和批判思维，使他们能够在旅游资源保护中发挥更加积极的作用。通过教育和引导，激发公众的自主意识，使他们能够认识到自己在旅游资源保护中的主体地位和作用。这种自主意识的觉醒是公众参与的前提条件，也是推动保护工作顺利进行的内在动力。意识提升还注重培养公众的批判思维，使他们能够以更加独立、客观的态度审视旅游资源保护问题。这种批判思维有助于公众发现保护工作中的不足和问题，提出改进意见和建议，从而推动保护工作的不断完善和进步。意识提升的最终目标是引导公众改变不利于旅游资源保护的行为习惯和生活方式。通过教育和宣传，倡导绿色、环保的生活方式，引导公众在旅游活动中注重环境保护，减少对旅游资源的破坏和污染。

2. 公众参与旅游资源保护的途径

在公众参与旅游资源保护的原则下，探讨公众参与的具体途径显得尤为重要。这些途径不仅是公众参与保护行动的渠道，也是提升旅游资源保护效果的关键环节。

（1）直接参与决策

公众直接参与决策是公众参与旅游资源保护的重要途径之一。在这一途径中，公众通过参加听证会、提出意见和建议等方式，直接参与到旅游资源保护的决策过程中。公众直接参与决策是民主原则的体现，有助于保障公众的合法权益和利益诉求。公众的参与可以为决策提供更加全面、真实的信息和意见，有助于决策者做出更加科学、合理的决策。

（2）参与志愿者活动

参与志愿者活动是公众参与旅游资源保护的另一种重要途径。公众可以通过加入环保组织、参与环保志愿活动等方式，为旅游资源保护贡献自己的力量。通过参与志愿者活动，公众可以更加深入地了解旅游资源保护的重要性和紧迫性，培养自己的社会责任感和使命感。志愿者的参与可以为旅游资源保护工作提供重要的人力资源支持，有助于解决保护工作中的人力资源短缺问题。

（3）通过社交媒体等网络平台参与

随着互联网的普及和发展，通过社交媒体等网络平台参与旅游资源保护也成为一种新兴的公众参与途径。公众可以通过在网络上发表言论、分享信息等方式，表达对旅游资源保护的关注和支持。网络平台为公众参与旅游资源保护提供了更加便捷、灵活的渠道，有助于降低参与门槛和提高参与效率。网络平台的传播效应可以放大公众的声音和影响力，有助于引起更广泛的社会关注和响应。

（4）接受教育与培训

接受教育与培训也是公众参与旅游资源保护的重要途径之一。通过参加环保知识讲座、技能培训等活动，公众可以提升自己的环保意识和能力水平，为更好地参与旅游资源保护工作打下坚实的基础。教育与培训可以帮助公众更加全面、深入地了解环保知识和理念，提升自己的环保意识水平。通过技能培训和实践锻炼等活动，公众可以掌握更多的环保技能和知识，提高自己参与旅游资源保护的能力和效果。

第二节　旅游资源保护的措施与方法

一、科学规划与管理策略

（一）旅游资源的科学分类与评估

在旅游资源保护与管理领域，科学规划与管理策略是至关重要的。其中，旅游资源的科学分类与评估作为这一策略的基础，对于确保旅游资源的有效保护和可持续利用具有不可替代的作用。

1. 旅游资源的科学分类

旅游资源的科学分类是指根据资源的属性、特征、价值等因素，将旅游资源划分为不同的类型。这种分类有助于我们更加全面、系统地认识和理解旅游资源，为后续的规划、保护和管理提供科学依据。旅游资源的科学分类应遵循以下原则：系统性原则、层次性原则、动态性原则和实用性原则。系统性原则要求分类体系应完整、全面地反映旅游资源的整体情况；层次性原则强调分类体系应具有清晰的层次结构，便于不同层级的管理和操作；动态性原则考虑到旅游资源本身及其价值可能会随着时间的推移而发生变化，因此分类体系应具有一定的灵活性和可调整性；实用性原则则要求分类结果应便于实际应用和操作。在实际操作中，旅游资源的科学分类可以采用多种方法，如形态分类法、成因分类法、属性分类法等。这些方法各有其优缺点，应根据具体情况选择使用或综合使用。通过科学分类，我们可以更加清晰地了解各类旅游资源的数量、分布、特点等，为后续的规划和管理提供有力支持。

2. 旅游资源的评估

旅游资源的评估是指对旅游资源的价值、质量、开发潜力等方面进行评价和估量的过程。评估的目的是确定旅游资源的保护级别、开发顺序和开发方式，以实现旅游资源的可持续利用。旅游资源的评估应综合运用定性和定量方法。定性评估主要依赖于专家的知识和经验，对旅游资源的价值、特色、历史文化意义等方面进行主观判断；定量评估则通过构建数学模型，运用统计学、经济学等方法，对旅游资源的数量、质量、开发潜力等进行客观量化分析。两种方法相互补充，可以提高评估结果的准确性和可信度。

（二）保护性规划与可持续发展战略

在旅游资源保护与管理中，保护性规划与可持续发展战略是两个紧密相连、互为支撑的重要方面。它们共同构成了旅游资源长期、稳定、健康发展的基石。

1. 保护性规划

保护性规划是指在旅游资源开发过程中，以资源保护为核心，通过科学合理的规划手段，确保旅游资源的永续利用和生态平衡。它强调在旅游资源开发中坚持保护优先、开发服从保护的原则，避免过度开发和破坏性建设。

保护性规划应深入分析和评估旅游资源的独特性、稀缺性、历史文化价值等，明确其保护的重点和方向。科学评估旅游资源的生态环境承载力，确保开发活动在生态环境可承受范围内进行。合理规划旅游资源的空间布局，划分不同的功能区域，如核心区、缓冲区、实验区等，实施差别化的保护和管理措施。制定具体的保护措施和监管机制，确保规划的有效实施和资源的持续保护。

2. 可持续发展战略

可持续发展战略是指在满足当前旅游资源开发需求的同时，不损害后代满足其需求的能力。它强调经济、社会和环境之间的协调发展，追求长期、稳定、健康的旅游产业发展。可持续发展战略应通过科学合理的开发模式和管理手段，实现旅游资源的经济效益最大化，同时确保资源的可持续利用。关注旅游资源开发对当地社区的影响，促进社区参与和利益共享，实现旅游发展与社区和谐共生。坚持生态优先原则，保护旅游资源的生态环境质量，防止污染和破坏行为的发生。重视旅游资源的文化和遗产价值，采取有效措施进行保护和传承，促进文化多样性和人类文明的发展。

（三）管理体制与运营机制的优化

在旅游资源保护与管理领域，管理体制与运营机制的优化是提升资源保护效果、促进旅游业可持续发展的关键所在。这两者紧密相连，共同构成旅游资源保护与管理的核心体系。

1. 管理体制的优化

管理体制是指旅游资源保护与管理中的组织结构、权责关系、决策机制等方面的制度安排。优化管理体制旨在提高管理效率、明确责任归属、加强协同合作，以确保旅游资源的有效保护和合理利用。管理体制的优化应建立扁平化、网络化、灵活应变的管理组织结构，减少管理层级，提高信息传递效率和决策响应速度。清晰界定各管理主体的权力和责任，建立权责对等、激励相容的管理机制，防止权力滥用和责任推诿。建立科学、民主、透明的决策机制，加强公众参与和社会监督，以确保决策的科学性和公正性。强化跨部门、跨地区、跨领域的协同合作,建立信息共享、资源整合、联合执法的协作机制,形成管理合力。

2. 运营机制的优化

运营机制是指旅游资源开发、经营、管理过程中的运作方式、市场机制、盈利模式等方面的制度安排。优化运营机制旨在提高资源利用效率、增强市场竞争力、实现经济效益与社会效益的双赢。运营机制的优化应引入市场竞争机制,发挥市场在资源配置中的决定性作用,推动旅游资源开发经营的市场化、专业化、集约化。探索多元化、差异化的盈利模式,拓展旅游产业链,增加附加值,提高旅游资源的经济贡献率。平衡政府、企业、社区、游客等利益相关者的利益诉求,建立公平合理的利益分配机制,促进利益共享和社区参与。建立动态监管和评估机制,对旅游资源的开发经营状况进行实时监测和定期评估,及时发现问题并采取相应措施进行整改。

二、公众参与与社会共治方法

(一)社会团体与志愿者的作用发挥

在旅游资源保护与管理中,公众参与与社会共治被视为提升保护效果、促进可持续发展的重要途径。其中,社会团体与志愿者作为公众参与的重要力量,发挥着不可或缺的作用。

1. 社会团体的作用

社会团体是指具有共同兴趣、目标或利益的社会成员自愿组成的非营利性组织。在旅游资源保护领域,许多社会团体拥有旅游、生态、文化等领域的专家学者,他们能够提供专业的知识和技术支持,为旅游资源保护提供科学依据和有效方法。社会团体通过举办讲座、研讨会、展览等活动,普及旅游资源保护知识,提高公众的保护意识和参与度。社会团体可以参与旅游资源保护政策的制定和评价,提出建设性意见和建议,并监督政策的实施效果,确保其符合公众利益。社会团体能够整合各方资源,包括资金、人力、技术等,促进政府、企业、社区等多元主体之间的协作与合作,共同推动旅游资源保护工作。

2. 志愿者的作用

志愿者是指自愿为社区或特定群体提供服务，而不寻求金钱报酬的个体。在旅游资源保护中，志愿者可以参与旅游资源的实地保护和监测工作，如巡护、清理垃圾、记录生态变化等，为及时发现和解决保护问题提供重要信息。志愿者通过向游客和当地居民宣传旅游资源保护知识，引导他们文明旅游、爱护环境，减少人为破坏行为的发生。志愿者来自各个社区和群体，他们能够将旅游资源保护的理念和实践带入社区，动员更多的人参与保护工作，形成社会共治的良好氛围。志愿者在政府、企业、社区等多元主体之间发挥着桥梁和纽带的作用，促进各方沟通与合作，共同推动旅游资源保护事业的发展。

(二) 公众监督机制与意见反馈途径

在旅游资源保护与管理的框架中，公众参与与社会共治不仅能够增强保护的广泛性和有效性，还能够提升管理的民主性和透明度。公众监督机制与意见反馈途径作为实现这一目标的关键手段，具有十分重要的意义。

1. 公众监督机制

公众监督机制是指社会公众对旅游资源保护与管理活动进行监督的制度安排和实践方式。其核心在于确保公众对旅游资源保护工作的知情权、参与权和监督权。通过定期公布旅游资源保护状况、管理决策及其实施效果等信息，确保公众能够及时、全面地了解相关情况。这有助于提升公众的认知水平和参与意愿。鼓励公众通过多种途径和形式参与旅游资源保护与管理的决策和执行过程。例如，通过召开公众听证会、征求公众意见等方式，使公众能够直接表达对旅游资源保护工作的看法和建议。建立健全公众监督机制，如设立举报奖励制度、开展公众满意度调查等，鼓励公众对旅游资源保护工作中的违法违规行为进行监督和举报。同时，加强对公众监督结果的回应和处理，确保公众的监督权得到有效落实。

2. 意见反馈途径

意见反馈途径是指公众将关于旅游资源保护与管理的意见和建议反馈给

相关管理机构的渠道和方式。有效的意见反馈途径对于优化管理策略、提升保护效果至关重要。建立包括线上线下问卷调查、电子邮箱、电话热线、社交媒体等在内的多渠道意见反馈系统，确保公众能够便捷地提出意见和建议。管理机构应设立专门的意见收集和分析团队，对公众的意见和建议进行及时响应和处理。对于具有建设性的意见和建议，应积极采纳并融入管理决策中；对于存在的问题和质疑，应及时给予解释和说明。公开意见反馈的处理流程和结果，接受公众的监督。这有助于提升公众对管理机构的信任度和满意度，增强公众参与的积极性和持续性。

三、技术创新与智能保护方法

（一）科技手段在旅游资源保护中的应用

随着科技的飞速发展，其在旅游资源保护中的应用日益广泛且深入。科技手段不仅为旅游资源保护提供了新的方法和工具，还极大地提高了保护的效率和效果。

1. 监测与评估技术

科技手段在旅游资源保护中的首要应用是监测与评估。通过卫星遥感、无人机巡航、地面传感器等技术，可以实现对旅游资源的实时、动态监测。这些技术能够获取高精度的地理、生态和环境数据，为资源保护提供科学依据。同时，结合大数据分析和人工智能技术，可以对旅游资源的状况进行趋势预测和风险评估，为制定有针对性的保护措施提供有力支持。

2. 智能管理与决策支持系统

智能管理与决策支持系统是科技手段在旅游资源保护中的又一重要应用。通过集成地理信息系统（GIS）、物联网、云计算等技术，可以构建智能化的旅游资源管理平台。该平台能够实现对旅游资源的全面、精细化管理，包括资源分布、状态监测、游客行为分析等功能。同时，结合大数据分析和人工智能技术，还可以为管理决策提供支持，如优化旅游线路设计、制定科学合理的游客承载量等。

3. 环境保护与修复技术

科技手段在旅游资源保护中还广泛应用于环境保护与修复领域。例如，通过生物工程技术可以修复受损的生态系统；通过清洁能源和环保材料可以减少旅游活动对环境的负面影响；通过智能垃圾分类和处理系统可以改善旅游景区的环境卫生状况等。这些技术的应用不仅有助于保护旅游资源的生态环境质量，还能够提升游客的旅游体验满意度。

（二）技术创新与保护的结合实践

1. 技术创新在旅游资源保护中的应用

技术创新在旅游资源保护中发挥着至关重要的作用。通过引入先进的技术手段，可以更加全面、深入地了解旅游资源的状态和变化，从而制定更加科学、合理的保护策略。利用遥感技术、无人机巡航、地面传感器等先进手段，可以对旅游资源进行实时、动态的监测和评估。这些技术能够获取高精度的数据，为资源保护提供科学依据。通过 3D 扫描、虚拟现实（VR）、增强现实（AR）等技术，可以对旅游资源进行数字化建模和展示。这不仅有助于资源的保存和传承，还能够为游客提供更加丰富的体验。借助大数据、人工智能等技术，可以构建智能化的旅游资源管理平台。该平台能够实现资源的全面、精细化管理，并为管理决策提供支持。

2. 技术创新与智能保护方法的结合实践

通过整合多种技术手段，构建智能化的监测系统，对旅游资源进行实时、全面的监测。这种系统能够自动识别和预警潜在的保护风险，为管理者提供及时、准确的信息。基于智能化监测系统的数据支持，可以制定更加个性化、针对性的保护策略。这些策略能够充分考虑资源的特性和环境因素，提高保护工作的效果。通过技术创新和智能保护方法的结合，可以优化资源的配置和管理。例如，利用大数据分析技术，可以预测游客流量和分布，从而合理安排游览路线和承载量，减少资源损耗和破坏。技术创新还为公众参与旅游资源保护提供了更加便捷的途径。通过开发移动应用、社交媒体平台等工具，可以让公众更加了解资源保护的重要性，并积极参与其中。

技术创新与智能保护方法的结合实践对旅游资源保护具有重要意义和影响。首先，它提高了保护工作的效率和准确性，使得资源得到更加全面、有效的保护。其次，它促进了旅游资源的可持续利用，为旅游业的长期发展奠定了基础。最后，它提升了公众的保护意识和参与度，形成了全社会共同关注、共同参与的良好氛围。

第三节　旅游资源的可持续发展战略

一、旅游资源可持续发展战略目标与定位

（一）旅游资源可持续发展战略目标分析

旅游资源可持续发展战略的核心目标可以概括为：在确保旅游资源生态环境得到有效保护的前提下，实现资源的合理开发与利用，推动旅游产业的可持续经济增长，满足当代及后代人对旅游的需求和期望。

1. 生态环境保护

生态环境保护是旅游资源可持续发展的核心要义。必须确保旅游资源的生态环境丝毫不受损害，严格维护生态平衡，保护生物多样性，为后代留下珍贵的自然遗产。同时，要坚决防止过度开发和环境污染等问题的发生，这些行为对生态环境造成的破坏是灾难性的，且难以恢复。只有坚守这一基础和前提，旅游资源的可持续发展才能得以保障，实现人与自然的和谐共生。

2. 资源合理开发

资源合理开发是实现旅游资源可持续发展的重要手段。它要求在科学评估和精心规划的前提下，有序地进行旅游资源的开发，深入挖掘每一处资源的独特魅力和潜在价值，确保每一处资源都能得到恰如其分的利用。同时，这种开发方式还强调对资源的珍惜和保护，坚决避免任何形式的浪费和破坏性行为。通过精细的管理和合理的资源配置，能够最大化地发挥旅游资源的效益，为旅游业的长远发展奠定坚实的基础。

3. 经济增长与社会效益

经济增长与社会效益是旅游资源开发的双重目标。通过精心规划和有效开发旅游资源，不仅能够直接推动旅游业的蓬勃发展，还能够带动交通、餐饮、住宿等相关产业的共同繁荣，为当地创造大量的就业机会和经济收入，从而显著促进区域经济的快速增长。与此同时，这一过程也必须高度重视社会效益的提升，通过旅游活动的开展，改善当地居民的生活质量，增进不同地区、不同文化背景下的人们之间的交流与理解，实现经济与社会的和谐共进。

4. 可持续发展能力建设

可持续发展能力建设是确保旅游资源长期稳健发展的关键。为此，必须全面加强旅游资源可持续发展所需的基础设施建设，如交通、住宿、通信等，为旅游业提供坚实的物质基础。同时，重视人才培养，通过专业培训和实践锻炼，培养一支具备专业素养和创新精神的旅游从业队伍。此外，还要大力推进科技创新，运用现代科技手段提升旅游资源的保护、开发和管理水平，从而全面提高旅游资源的可持续发展能力和抗风险能力。

（二）旅游资源可持续发展战略定位分析

1. 全局性与长期性

全局性与长期性是旅游资源可持续发展战略制定和实施过程中必须坚守的原则。这意味着我们在制定战略时，必须站在全局的高度，全面考虑各方利益和整体发展，确保战略具有普遍性和适用性。同时，还要着眼于未来，以长远和前瞻性的视角审视旅游资源的发展趋势，确保战略能够适应未来变化的需求。在实施战略时，更要注重资源的长期利用价值，保持战略的稳定性和连续性，为旅游资源的可持续发展提供有力保障。

2. 协调性与均衡性

协调性与均衡性在旅游资源可持续发展战略中具有举足轻重的地位。这一战略定位明确要求我们在推进旅游发展的同时，必须注重各方面利益的协调和平衡。这包括妥善处理生态环境保护与经济发展之间的关系，确保两者在增长中相互促进，而非相互阻碍。同时，还需要精心平衡当地居民与外来游客之间的利益关系，通过合理的政策制定和利益分配机制，保障各方利益的均衡，实现真正意义上的共赢。

3. 创新性与开放性

创新性与开放性是旅游资源可持续发展战略不可或缺的元素。在快速变化的旅游市场和资源环境下，这一战略必须展现出高度的适应性和前瞻性。我们鼓励在资源开发、经营管理、服务模式等各个环节大胆创新，打破传统束缚，探索新的发展路径。同时，保持开放的态度，积极与外部世界建立广泛的合作与交流，从中汲取先进的理念和技术，为旅游资源的可持续发展注入新的活力和动力。

4. 责任性与公益性

责任性与公益性是旅游资源可持续发展战略必须坚守的底线。作为涉及公共资源和公共利益的重大决策，这一战略绝不能仅追求经济利益，而忽视其对社会和环境造成的深远影响。因此，在战略制定和实施的全过程中，必须时刻将公共利益放在首位，充分考虑社会各界的需求和期望。同时，还要积极履行社会责任，确保旅游资源的开发利用能够为社会的繁荣与进步做出实质性的贡献。

二、旅游资源可持续发展战略重点与任务

（一）旅游资源可持续发展战略重点

1. 生态环境保护与修复

生态环境保护与修复是旅游资源可持续发展的根本基石，其重要性不言而喻。在推进旅游发展的过程中，必须始终将生态环境的保护与修复放在首要位置。战略制定者应对旅游资源的生态环境状况进行全面深入的评估，准确识别存在的威胁和挑战。在此基础上，应采取一系列科学有效的措施，坚决保护和积极修复受损的生态系统，确保其恢复健康和稳定。同时，还要严格监管旅游活动的开展，确保其不对自然环境造成任何不可逆的损害，为旅游资源的长期可持续发展奠定坚实的基础。

2. 资源合理利用与优化配置

资源合理利用与优化配置是实现旅游资源可持续发展的重要手段。针对不同类型的旅游资源及其独特的特性和价值，战略制定者需进行深入细致的分析和评估，明确资源的优势和潜力。在此基础上，通过科学规划和精细管理，合理确定旅游资源的开发方向、规模和速度，确保资源的高效利用和最大效益。同时，还要注重资源的优化配置，根据市场需求和游客偏好，合理调整资源配置结构，提高资源使用效率和游客满意度，避免资源的浪费和破坏，推动旅游资源的可持续发展。

3. 社区参与和利益共享

社区参与和利益共享是旅游资源可持续发展战略中不可忽视的重要环节。为了确保旅游资源的长期稳健发展，必须高度重视当地社区的参与和受益。战略制定者应积极探索有效途径，促进社区全面参与旅游的开发和管理，充分发挥其在资源保护、文化传承等方面的独特作用。同时，还应建立完善的利益共享机制，确保当地居民能够公平地分享旅游发展带来的经济、社会和文化利益，增强其对旅游资源的归属感和保护意识，共同推动旅游资源的可持续发展。

4. 创新能力提升与科技应用

创新能力提升与科技应用是旅游资源可持续发展战略中的关键驱动力。随着科技日新月异的发展，旅游资源的开发与管理必须与时俱进，充分利用新技术和创新方法，以提升其整体吸引力和市场竞争力。战略应鼓励在旅游领域引入智能化、信息化等前沿科技手段，如大数据分析、人工智能导览等，这些不仅能够优化游客的旅游体验，提供更为个性化、便捷的服务，还能够显著提升旅游服务的质量和效率。通过科技创新，可以为旅游资源的可持续发展注入新的活力，使其更好地适应并引领市场需求的变化。

（二）旅游资源可持续发展战略任务

1. 建立完善的旅游资源保护体系

建立完善的旅游资源保护体系是实现旅游资源可持续发展的基础保障。

为此，需要制定一系列全面且切实有效的保护政策，确保从制度层面为资源的长期保护提供有力支撑。同时，应实施严格的管理措施，包括但不限于设立专门的保护区、加大巡查频次、引入先进的监控技术等，以确保旅游资源的安全与完整。此外，还应着重加强监管力度，对于任何破坏旅游资源的行为都应依法予以严惩，并通过提高违法成本进一步强化对资源的保护力度，从而形成全方位的旅游资源保护网络。

2. 推进旅游资源的科学开发与规划

推进旅游资源的科学开发与规划是实现其长期可持续发展的关键。在制定开发规划和实施方案时，应深入了解和分析资源禀赋、市场需求以及当地社会经济状况，确保规划的科学性和实用性。同时，要注重各类旅游资源之间的差异性和互补性，合理布局和组合不同的旅游产品，以形成独具特色的旅游吸引力。在此过程中，还要警惕同质化竞争和过度开发的问题，通过精心的规划和管理，保护旅游资源的原始魅力和生态环境，为游客提供高质量、有深度的旅游体验。

3. 加强旅游产业链建设与协同发展

加强旅游产业链建设与协同发展是提升旅游产业综合实力和长期竞争力的重要举措。以丰富的旅游资源为核心，应积极拓展旅游产业的上下游链条，深化与相关产业的融合与合作。通过政策引导和市场运作，促进住宿、餐饮、交通、文化娱乐等相关产业与旅游业的紧密结合和协同发展。同时，鼓励产业间的创新与合作模式，打破传统界限，实现资源共享和优势互补，从而提高旅游产业的整体效益，增强其在国内外市场的竞争力，为区域经济的持续发展注入新的活力。

4. 提升旅游从业人员的素质与能力

提升旅游从业人员的素质与能力是促进旅游产业健康、持续发展的重要保障。针对当前旅游从业人员水平参差不齐的现状，应加大培训和教育的力度，通过定期组织专业技能培训、职业素养提升课程等活动，不断提高他们的专业素养和服务水平。同时，还应积极引入优秀人才和先进的管理理念，为旅游产业注入新的活力和创新力。通过这些措施，可以建立起一支高素质、专业化的旅游从业队伍，为游客提供更加优质、专业的服务，推动旅游产业的创新发展。

5. 增强旅游目的地的品牌形象与营销推广

增强旅游目的地的品牌形象与营销推广是提升其在旅游市场中竞争力和吸引力的关键措施。通过深入挖掘旅游目的地的独特魅力和文化内涵，可以精心打造其品牌形象，突出其特色和优势。同时，借助多元化的营销推广手段，如社交媒体推广、旅游节庆活动、旅游合作伙伴关系等，积极宣传和推广旅游目的地，吸引更多游客的目光和兴趣。此外，与旅游各方利益相关者，包括当地政府、企业、居民等，也应积极参与品牌推广和营销活动，共同为旅游目的地的发展和繁荣贡献力量。

三、旅游资源可持续发展战略实施措施

（一）推进科学规划与合理布局

根据旅游资源的类型、特点和分布状况，制定科学的旅游发展规划。规划应注重资源的合理利用和优化配置，避免过度开发和同质化竞争。同时，加强区域合作与协调，实现旅游资源的共享和优势互补。在布局上，应注重旅游线路的合理设计，将不同类型的旅游资源有机串联起来，形成具有吸引力的旅游产品和线路。积极推动旅游业与相关产业的融合发展，形成"旅游+文化""旅游+农业""旅游+体育"等多元化发展模式。通过产业融合，延长旅游产业链，增加附加值和就业机会。同时，加强与国际旅游组织的合作与交流，引进先进的旅游管理理念和技术手段，提升旅游产业的国际竞争力。

（二）提升旅游从业人员素质与能力

为提升旅游从业人员素质与能力，必须加强对旅游从业人员的培训和教育力度，以确保他们具备扎实的专业知识和卓越的服务技能。这不仅包括基础的业务培训，更要注重培养他们的职业素养、跨文化交流能力以及应对突发事件的应急处理能力。同时，建立完善的旅游人才培养体系至关重要。从

学历教育到职业培训，再到实习实训，每一个环节都应精心设计，确保培养出既懂业务又懂管理的复合型人才。此外，积极引进高层次旅游人才和管理团队也是提升整体素质的有效途径，他们的加入将为旅游产业注入新的活力，推动行业向更高水平迈进。

（三）加强旅游目的地品牌建设与营销推广

加强旅游目的地品牌建设与营销推广，是提升旅游产业发展水平的重要举措。为实现这一目标，首先要深入挖掘旅游目的地的文化内涵和独特魅力，通过精准定位和精心策划，打造具有鲜明特色和吸引力的品牌形象。这不仅能增强旅游目的地的辨识度，更能提升游客的旅游体验。在品牌建设的基础上，还应利用多种渠道和手段进行宣传推广。通过广告投放、公关活动、节庆赛事等多种形式，提高旅游目的地的知名度和美誉度。同时，加强与媒体、旅行社等合作伙伴的沟通与协作，形成资源共享、优势互补的良好局面，共同推动旅游市场的拓展和繁荣。此外，还应注重网络营销和社交媒体的应用。通过建设官方网站、社交媒体账号等平台，发布旅游资讯、推广旅游产品，与游客进行互动交流，提高营销效果和传播速度。这将有助于吸引更多的游客前来体验，推动旅游产业的持续发展。

第八章　旅游规划设计的实施与管理

第一节　旅游规划设计的实施过程与机制

一、旅游规划设计的实施过程

（一）前期准备阶段

旅游规划设计是一个系统性、综合性的过程，其涉及多方面的因素与环节。其中，前期准备阶段是确保整个规划设计工作顺利进行的基础和关键。

1. **旅游资源调查与评价**

在前期准备阶段，首先需要对规划区域内的旅游资源进行全面的调查与评价。这包括对自然景观、人文景观、历史文化、民俗风情等各类旅游资源的类型、数量、质量、分布及特色等方面的深入了解和分析。通过实地踏勘、问卷调查、专家咨询等手段，收集第一手资料，为后续的规划编制提供科学依据。同时，对旅游资源的评价要客观、公正，充分挖掘其潜在价值和开发潜力，为旅游规划的定位和目标制定奠定基础。

2. **旅游市场需求分析**

在了解旅游资源的基础上，还需要对旅游市场进行深入的需求分析。这包括对市场规模、市场结构、市场趋势、游客偏好等方面的研究。通过市场调研和数据分析，掌握游客的旅游需求特点、消费习惯和行为模式，为旅游产品的开发和营销策略的制定提供有力支持。同时，对旅游市场的竞争态势也要进行充分的分析，明确自身在市场中的定位和竞争优势。

3. 规划编制团队的组建与培训

前期准备阶段还需要组建一支专业、高效的规划编制团队。这个团队应具备多学科背景和丰富的实践经验，能够胜任旅游规划设计的各项工作。在团队组建过程中，要注重人员的专业搭配和优势互补，确保团队的整体实力。同时，对团队成员进行必要的培训和教育，提高他们的专业素养和规划设计能力。通过团队建设，为旅游规划设计的顺利实施提供人力保障。

4. 相关利益方的沟通与协调

在前期准备阶段，还需要与相关利益方进行充分的沟通与协调。这包括地方政府、旅游企业、当地居民等各方利益相关者。通过与他们的沟通交流，了解各方的利益诉求和关切点，为规划方案的制定和实施争取更多的支持和合作。同时，对可能出现的利益冲突和矛盾也要进行充分的预判和化解，确保旅游规划设计的顺利进行。

（二）规划编制阶段

规划编制阶段是旅游规划设计流程中的核心部分，它承接着前期准备阶段的基础工作，并为后续的实施与监督阶段提供明确的指导方向。此阶段的工作涉及对规划目标的明确、发展方案的制定，以及详细和专项规划的编制，对于确保旅游规划的科学性和可行性至关重要。

1. 明确规划目标与定位

在规划编制阶段，首先需要明确的是规划目标和定位。这是基于对旅游资源的充分了解和市场需求分析的结果。规划目标应具有前瞻性、可行性和可操作性，既要考虑旅游产业的发展趋势，也要结合当地的实际情况。定位则需要突出旅游目的地的特色和优势，避免与周边地区的同质化竞争。通过明确的目标和定位，可以为后续的规划编制工作提供清晰的方向。

2. 制定旅游发展规划方案

在明确目标和定位的基础上，需要制定旅游发展规划方案。这一方案是指导旅游目的地未来一段时间内发展的纲领性文件，应包括总体发展战略、空间布局、产品开发、市场营销、基础设施建设、环境保护等方面的内容。在制定过程中，需要充分考虑各方利益相关者的诉求和期望，以确保规划方案的合理性和可接受性。同时，还需要运用科学的方法和技术手段进行方案的比选和优化，以提高规划的科学性和有效性。

3. 编制详细规划与专项规划

为了使旅游发展规划方案更具操作性和实施性，还需要编制详细规划和专项规划。详细规划是对总体规划方案的进一步深化和细化，包括具体的项目设计、实施步骤、时间安排、资金预算等方面的内容。而专项规划则是针对旅游发展中的某一特定领域或问题进行的深入研究和规划，如生态环境保护规划、旅游交通规划、旅游安全规划等。这些详细和专项规划的编制，可以使旅游规划更具针对性和可操作性，为后续的实施和监督提供有力的依据。

4. 注重规划的协调性与可持续性

在规划编制过程中，还需要注重规划的协调性和可持续性。协调性是指旅游规划应与当地的社会经济发展规划、城乡规划、土地利用规划等相关规划相衔接和协调，避免产生冲突和矛盾。可持续性则是指旅游规划应充分考虑生态环境保护和资源利用的可持续性，确保旅游发展与自然环境的和谐共生。

（三）审批与公布阶段

审批与公布阶段是旅游规划设计流程中的重要环节，它确保规划方案经过权威部门的审核和认可，进而具备法律效力和公众知晓度，为后续的实施与监督提供合法性和透明度保障。

1. 规划方案的评审与修改

在审批与公布阶段，首先需要由相关权威部门对规划方案进行评审。评审过程中，应邀请旅游规划、地理、经济、环境等多领域的专家组成评审团队，对规划方案的科学性、合理性、可行性和可持续性进行全面评估。评审团队将基于专业知识和实践经验，对规划方案提出宝贵的修改意见和建议。规划编制团队在收到评审反馈后，需对规划方案进行必要的修改和完善。修改过程中，应认真对待每一条意见和建议，确保修改后的规划方案更加符合实际情况和发展需求。同时，修改后的规划方案还需再次提交给评审团队进行复审，以确保其质量和水平得到进一步提升。

2. 规划成果的审批与公布

经过评审和修改后的规划方案，需提交给相关政府部门进行审批。审批部门将对规划方案的合法性、合规性和政策符合性进行严格审查。一旦规划方案获得批准，即具备法律效力，成为指导旅游目的地未来发展的重要依据。规划方案获得批准后，还需进行公示和公布。公示的目的是让公众了解规划方案的内容和目标，征求公众的意见和建议，进一步增加规划的透明度和参与度。公布则是将规划方案正式对外发布，让相关利益方和公众了解旅游目的地的发展蓝图和行动计划。

3. 注重公众参与和意见反馈

在审批与公布阶段，还应特别注重公众参与和意见反馈。通过举办听证会、座谈会、问卷调查等形式，广泛征求公众对规划方案的意见和建议。这些反馈将为规划方案的进一步优化提供重要参考。同时，政府部门和规划编制团队应积极回应公众关切和疑问，对规划方案进行必要的解释和说明。这不仅可以增加公众对规划方案的理解和支持，还可以提升政府的公信力和旅游规划设计的科学性。

（四）实施与监督阶段

实施与监督阶段是旅游规划设计流程中的最终环节，也是确保规划方案从纸面走向实践、产生实际效果的关键步骤。此阶段涉及规划方案的具体执行、效果的监测评估以及必要的调整优化，对于保障旅游规划设计的有效性和长期可持续性至关重要。

1. 规划实施的组织与协调

在实施与监督阶段，首先需要建立有效的组织实施机制，明确各方责任和任务分工。这通常涉及地方政府、旅游管理部门、相关企业和社区等多方利益相关者的协调与合作。通过建立跨部门、跨领域的协调机制，可以确保规划方案的顺利实施和各项任务的有效落实。同时，还需要加强对实施过程的组织和管理，确保各项工作按照规划方案的要求和时间节点有序推进。这包括项目的招投标、合同签订、资金拨付、进度监控等各个环节的规范操作和有效管理。

2. 规划实施的监督与评估

在规划实施过程中，监督与评估是确保规划方案得到有效执行和产生预期效果的重要手段。监督主要是对实施过程进行持续跟踪和监测，确保各项工作符合规划方案的要求和标准。这包括定期巡查、进度报告、质量检查等措施，以及对违规行为的及时纠正和处理。评估则是对规划实施效果进行客观评价和反馈的过程。通过收集和分析实施过程中的数据和信息，可以评估规划方案的实际效果、存在的问题和改进的方向。评估结果可以为后续的规划调整和优化提供科学依据，也可以作为对相关部门和人员绩效考核的重要依据。

3. 注重动态调整与优化

旅游规划设计是一个持续不断的过程，需要根据实际情况的变化和发展趋势进行动态调整和优化。在实施与监督阶段，应特别关注市场变化、政策调整、技术进步等外部因素的变化，以及规划实施过程中出现的新情况、新问题。一旦发现原有规划方案存在不足或需要改进的地方，应及时进行调整和优化，以确保旅游规划设计的适应性和前瞻性。

4. 强化公众参与和社会监督

公众参与和社会监督是提升旅游规划设计实施效果的重要途径。通过加强信息公开、举办公众论坛、建立投诉反馈机制等方式，可以增强公众对旅游规划设计的认知和支持，同时也可以及时发现和纠正规划实施过程中的问题和不足。这种参与和监督机制不仅可以提升旅游规划设计的科学性和民主性，还可以增强公众对旅游产业的认同感和归属感。

二、旅游规划设计的实施机制

(一) 政策保障机制

1. 政策激励与引导

政策激励与引导是政策法规保障机制中的重要手段。政府可以通过制定一系列优惠政策，如财政补贴、税收优惠、贷款支持等，激励和引导社会资本投入旅游规划设计领域，推动旅游产业的快速发展。同时，政府还可以根据旅游规划设计的目标和要求，制定相应的产业政策、区域政策等，引导旅游资源的合理开发和利用，促进旅游产业的转型升级和可持续发展。

2. 制度创新与完善

制度创新与完善是政策法规保障机制中的关键环节。随着旅游产业的不断发展和市场环境的不断变化，传统的制度安排可能已经无法适应新的发展需求。因此，政府需要积极推进制度创新，完善与旅游规划设计相关的制度体系。例如，可以建立旅游规划设计的公众参与制度、专家咨询制度、信息公开制度等，提高规划设计的透明度和民主性；还可以建立旅游规划设计的实施评估制度、责任追究制度等，加强对规划实施过程的监督和管理。

3. 跨部门协调与合作

旅游规划设计的实施涉及多个部门和领域的协调与合作。因此，政策法规保障机制中还应注重加强跨部门之间的沟通与协作。政府可以建立跨部门的旅游规划设计协调机构或平台，统筹协调各方利益和资源，共同推进旅游规划设计的实施工作。同时，还可以加强与相关行业协会、企业等社会力量的合作与交流，形成政府引导、市场主导、社会参与的旅游规划设计实施格局。

(二) 资金保障机制

1. 多元化的资金来源

为确保旅游规划设计的顺利实施，必须建立多元化的资金来源渠道。这包括政府财政拨款、企业投资、社会融资、国际合作等。政府财政拨款是资金保障机制的重要组成部分，用于支持旅游基础设施建设、生态环境保护等公共项目。企业投资则通过市场机制引导资本流向旅游规划设计领域，推动旅游产业的发展。社会融资利用金融市场和金融工具，吸引民间资本参与旅游规划设计项目。国际合作则通过引进外资和技术，促进旅游规划设计的国际化水平提升。

2. 资金使用的有效性与监管

资金保障机制不仅关注资金的筹集，更强调资金使用的有效性和监管。这要求建立完善的资金管理制度和监管体系，确保资金专款专用，避免挪用和浪费。同时，要对资金使用效果进行评估和监控，确保资金投入产生预期的社会和经济效益。对于资金使用不当或低效的情况，应及时进行调整和优化，以提高资金的使用效率。

3. 风险管理与资金安全

在旅游规划设计的实施过程中，资金保障机制还需要关注风险管理和资金安全。由于旅游规划设计项目通常具有投资大、周期长、风险高等特点，因此必须建立完善的风险管理机制，对可能出现的市场风险、财务风险、政策风险等进行预测和防范。同时，要加强资金安全管理，确保资金的安全性和流动性，防止因资金问题导致的项目中断或失败。

4. 政策与市场的双重驱动

资金保障机制的有效运行需要政策与市场的双重驱动。政府应制定和实施一系列优惠政策，如财政补贴、税收优惠、贷款支持等，以降低旅游规划设计项目的投资风险和成本，吸引更多资本投入。同时，要发挥市场机制在资源配置中的决定性作用，通过市场竞争和价格机制引导资本流向具有发展潜力和盈利前景的旅游规划设计项目。

（三）技术支持机制

1. 先进技术的应用与整合

旅游规划设计涉及众多领域和专业知识，包括地理学、环境科学、建筑学、经济学等。技术支持机制的首要任务是引入和应用先进技术，如地理信息系统（GIS）、遥感技术、大数据分析、人工智能等，以实现对旅游资源的精准评估、市场需求的准确预测、空间布局的优化配置等。同时，还需要整合不同领域的技术资源，形成跨学科、跨领域的技术支持体系，为旅游规划设计提供全面的技术解决方案。

2. 技术标准的制定与执行

为确保旅游规划设计的科学性和规范性，技术支持机制应制定和执行一系列技术标准。这些标准可以涵盖规划设计的方法论、数据采集与处理、模型构建与分析、规划成果的表达与展示等方面。通过制定和执行技术标准，可以规范规划设计流程，提高规划成果的质量和可比性，促进旅游规划设计的专业化、标准化和国际化发展。

3. 技术创新与研发

随着科技的不断进步和旅游产业的快速发展，传统的技术支持手段可能已无法满足新的规划设计需求。因此，技术支持机制需要注重技术创新与研发，不断探索新的技术方法和解决方案。这可以通过与高校、科研机构、技术企业等合作，共同开展技术研发和创新活动，推动旅游规划设计技术的不断更新和升级。

4. 技术培训与人才培养

技术支持机制的有效运行离不开专业的技术人才。因此，加强技术培训和人才培养是技术支持机制的重要组成部分。通过定期举办技术培训班、研讨会、学术交流活动等，可以提高规划设计人员的技术水平和专业素养。同时，还需要注重培养具备跨学科知识和创新能力的高素质人才，为旅游规划设计的持续发展提供有力的人才保障。

第二节　旅游规划设计的管理体系与制度

一、旅游规划设计的管理体系

（一）管理体系的构成与职能

旅游规划设计管理体系是确保旅游规划设计工作有序、高效进行的关键组织架构。它涵盖了多个组成部分，并赋予其相应的职能，以确保从规划编制到实施监督的整个过程都能够得到科学、系统的管理。

1. 管理体系的构成

决策层是旅游规划设计管理体系的最高层级，负责制定旅游规划设计的总体战略、方针和政策。它通常由政府主管部门、行业专家以及利益相关者组成，通过集体决策确保规划设计的科学性和合理性。

执行层负责具体落实决策层的战略意图，组织编制旅游规划设计方案，并监督实施过程。执行层通常由专业的规划设计机构、项目管理团队和技术支持单位组成，他们具备丰富的实践经验和专业知识，能够确保规划设计的顺利实施。

监督层负责对旅游规划设计的实施过程进行监督和评估，确保规划目标得以实现。监督层可以包括政府监管机构、社会公众和媒体等，他们通过不同的方式对规划设计的实施效果进行监督和反馈。

2. 管理体系的职能

（1）规划编制管理

规划编制管理是旅游规划设计管理体系中的核心环节。为了确保旅游规划的科学性和规范性，管理体系必须发挥关键作用。首要任务是组织由行业专家和专业团队构成的精英力量，深入实地进行详尽的调研工作。通过系统收集和分析地方资源、市场需求、游客偏好等数据，为规划方案奠定坚实的信息基础。同时，管理体系要设立严格的质量控制标准，确保规划内容既体现地方特色，又满足市场需求。此外，对规划编制过程中的进度和成本也要进行精细管理，避免资源浪费和时间拖延，保证规划项目高效、有序地推进。

（2）规划审批与备案

规划审批与备案是确保旅游规划方案质量和实施可行性的重要步骤。管理体系应建立起一套严谨、规范的审批与备案机制，对提交的旅游规划方案进行深入细致的论证和审查。在审批过程中，必须高度重视并广泛吸纳利益相关者的意见和建议，如当地居民、旅游从业者、环保组织等，他们的声音对于规划的合理性和可行性至关重要。只有通过这样全面、公正的评估与审议，才能确保最终实施的旅游规划方案既科学合理又符合各方利益，从而为旅游业的可持续发展奠定坚实的基础。

（3）规划实施与监督

规划实施与监督是旅游规划设计管理体系中不可或缺的一环。管理体系应肩负起全面监督和管理规划实施过程的重任，确保各项规划目标能够如期实现。为此，必须建立一套高效、灵敏的监督机制，通过定期巡查、专项检查等手段，及时发现并解决规划实施过程中出现的各种问题。同时，对实施成果进行客观、全面的评估，及时向相关方反馈实施效果，为规划的调整和优化提供有力依据。只有这样，才能确保旅游规划的实施不走样、不变形，真正发挥出规划对旅游业发展的引领作用。

（二）管理体系的运行与实施

1. 运行基础与前提

旅游规划设计管理体系的运行与实施并非空中楼阁，而是建立在稳固的基石之上。这一基石便是完善的组织架构、明确的职责划分以及充足的资源保障。这三者相互关联、相辅相成，共同构成了管理体系顺畅运行不可或缺的前提和条件。组织架构的合理性确保了管理体系的高效运转，职责划分的明确性避免了工作中的推诿与扯皮，而资源的充足性则为各项工作的顺利开展提供了必要的物质和人力支持。正是这些要素的有机结合，为后续的规划编制、审批、实施和监督等环节奠定了坚实的基础，使得旅游规划设计管理体系能够行稳致远。

2. 规划编制与审批

在管理体系的指导下，规划编制团队需要深入实地进行调研，充分收集和分析相关数据与信息，以确保规划内容的科学性和合理性。编制过程中，应注重多方参与和协调，平衡各方利益诉求，形成具有可操作性和广泛共识的规划方案。规划编制完成后，需要提交相应的审批机构进行审查。审批机构应严格按照法律法规和相关政策要求进行审查，以确保规划内容的合法性和合规性。

3. 规划实施与监督

规划获得批准后，即进入实施阶段。管理体系应确保实施过程的组织有序、资源充足、技术先进，以保障规划目标的顺利实现。在实施过程中，应注重与相关利益方的沟通和协调，及时解决出现的问题和矛盾。同时，管理体系还应建立有效的监督机制，对实施过程进行持续跟踪和评估，确保规划内容得到全面、准确的执行。监督过程中发现的问题应及时反馈并督促整改，以确保规划目标的顺利达成。

4. 动态调整与优化

旅游规划设计管理体系的运行与实施是一个动态的过程。在实施过程中，可能会遇到各种预期之外的情况和问题，需要管理体系进行及时调整和优化。这包括对规划内容的局部修改、实施策略的调整、资源配置的优化等。通过动态调整与优化，可以确保管理体系始终与旅游发展的实际情况保持紧密契合，提高规划实施的灵活性和适应性。

5. 持续改进与创新

除了动态调整与优化外，管理体系还应注重持续改进与创新。这包括对管理体系自身进行定期评估和审查，发现存在的问题和不足，并提出改进措施和建议。同时，还应积极引进新的管理理念、方法和技术手段，推动管理体系的创新发展。通过持续改进与创新，可以不断提升管理体系的科学性、有效性和先进性，为旅游规划设计的持续发展提供有力保障。

二、旅游规划设计的制度保障

（一）标准规范制度

在旅游规划设计的领域中，制度保障是确保规划设计质量、实施效果以及持续发展的关键因素。其中，标准规范制度作为制度保障的核心组成部分，发挥着至关重要的作用。

标准规范制度是指一系列制定、颁布、实施和修订标准的规范化程序和管理机制。在旅游规划设计中，它涵盖了规划编制、审批、实施、监督等各个环节应遵循的技术标准、管理标准和工作标准。这些标准规范不仅为规划设计提供了技术指导和操作依据，还确保了规划设计的科学性、合理性和可行性。旅游规划设计的标准规范制度通常包括以下几个方面：规划编制的技术标准，如数据收集与分析方法、规划内容与深度要求等；规划审批的程序标准，如审批流程、评审专家资质要求等；规划实施的管理标准，如项目管理办法、资金使用规定等；以及规划监督的评估标准，如实施效果评价指标、问题反馈与处理机制等。这些标准规范相互衔接、相互制约，共同构成了一个完整的制度体系。

为确保标准规范制度的有效实施，需要建立相应的监督机制。这包括定期对标准规范的执行情况进行检查、评估和反馈，以及对违反标准规范的行为进行纠正和处罚。同时，还需要根据实践经验和行业发展动态，及时对标准规范进行修订和完善，以保持其时效性和适用性。标准规范制度在旅游规划设计中发挥着多重作用。首先，提高了规划设计的专业性和科学性，降低了决策风险和实施难度。其次，促进了行业内的技术交流和经验共享，推动了规划设计水平的提升。最后，增强了旅游规划设计的公信力和社会认可度，为旅游业的可持续发展提供了有力支撑。

（二）资金保障制度

资金是旅游规划设计得以实施和推进的重要物质基础。资金保障制度，作为旅游规划设计制度保障体系中的关键一环，对于确保规划设计的顺利进行和高质量完成具有不可替代的作用。

资金保障制度是指为确保旅游规划设计各个阶段所需资金的及时、足额投入，而建立的一套完善的资金筹措、分配、使用和监督的管理机制。在旅游规划设计中，从前期的调研、规划编制，到中期的项目实施，再到后期的监督评估，每一个环节都需要稳定的资金支持。资金保障制度的建立，不仅为规划设计的各个环节提供了坚实的物质保障，还有助于提高资金的使用效率，降低财务风险，确保规划设计的顺利实施。

为确保资金保障制度的有效实施，需要建立相应的监督机构和管理体系。

这包括设立专门的财务管理部门或委员会，负责资金的筹集、分配、使用和监督工作；制定严格的财务管理制度和审批程序，确保资金的合规性和安全性；以及加强内部审计和外部监管，及时发现和纠正资金管理中的问题和风险。资金保障制度在旅游规划设计中发挥着至关重要的作用。首先，为规划设计的顺利实施提供了稳定的资金来源和保障。其次，提高了资金的使用效率和透明度，降低了财务风险和成本。最后，增强了旅游规划设计的公信力和可持续发展能力，为旅游业的长期繁荣和发展奠定了坚实的基础。

（三）技术支持制度

在旅游规划设计的复杂过程中，技术支持是确保规划设计科学性、创新性和可行性的关键因素。技术支持制度，作为旅游规划设计制度保障体系的重要组成部分，为规划设计的各个阶段提供了必要的技术指导和服务。

技术支持制度是指为旅游规划设计提供全面、系统、持续的技术支持和服务而建立的一套管理机制。在旅游规划设计中，技术支持涵盖了从规划设计理念、技术手段、数据分析、模型构建到实施监测等各个环节。技术支持制度的建立，不仅提升了规划设计的专业性和科学性，还推动了行业内的技术创新和进步。

为确保技术支持制度的有效实施，需要建立相应的监督机制和评估体系。这包括定期对技术支持服务的质量和效果进行评估和反馈，以及对技术支持制度的执行情况进行监督和检查。同时，还需要根据行业发展的动态和技术进步的趋势，及时对技术支持制度进行修订和完善。

（四）人才保障制度

在旅游规划设计领域，人才是推动行业创新和高质量发展的核心动力。人才保障制度作为确保人才供给、培养和激励的重要机制，对提升旅游规划设计的专业水平和服务质量具有举足轻重的作用。

人才保障制度是指为旅游规划设计行业提供稳定、高素质的人才队伍，而建立的一系列人才选拔、培养、使用、激励和管理的制度安排。随着旅游业的蓬勃发展,旅游规划设计对人才的需求日益增长,不仅要求人才具备扎实的专业知识和技能,还要求具备良好的创新意识和实践能力。人才保障制度的建立,有助于形成合理的人才结构和梯队,提高规划设计的整体水平,促进旅游业的持续健康发展。为确保人才保障制度的有效实施,需要建立相应的监督机制。这包括定期对人才引进、培养、使用、激励和管理等各个环节进行评估和审查,确保各项制度得到有效执行。同时,还需要根据行业发展变化和人才市场动态,及时调整和完善人才保障制度,确保其与时俱进、适应行业发展需求。

第三节　旅游规划设计的监测与评估

一、旅游规划设计的监测

(一) 监测的内容与指标

旅游规划设计的监测是确保规划实施效果、资源合理利用以及环境与社会经济可持续发展的关键环节。通过科学、系统的监测,可以及时发现规划实施过程中的问题,为规划调整和优化提供依据。

1. 监测内容

监测旅游规划设计的各个阶段目标是否按计划推进,包括基础设施建设、项目开发进度、服务设施完善等。这有助于掌握规划实施的总体进度,确保项目按期完成;重点监测旅游资源的开发利用效率、资源保护状况以及资源可持续利用能力。这有助于评估资源利用的合理性和有效性,防止资源浪费和破坏。还要监测旅游活动对自然环境的影响,包括生态破坏、环境污染等方面。同时,关注环保措施的执行情况和效果,以确保旅游发展与环境保护相协调。分析旅游规划实施对当地社会经济发展的带动作用,包括就业机会、居民收入、产业结构等方面的变化。这有助于评估规划实施的社会经济效益,为决策提供依据。

2. 监测指标

为确保监测内容的量化和可操作性，需要建立一套科学、合理的监测指标体系。建立实施进度指标，如项目完成率、投资完成率等，用于衡量规划实施的进度和效率。资源利用指标用于评估资源利用的合理性和可持续性，如资源利用率、资源消耗速率等。环境保护指标用于衡量旅游活动对环境的影响以及环保措施的效果，如污染物排放量、生态破坏程度等。社会经济指标用于反映旅游规划实施对当地社会经济发展的贡献，如旅游收入增长率、就业率变化等。

（二）监测的方法与技术

1. 遥感技术与地理信息系统（GIS）

遥感技术通过卫星、无人机等平台获取地表信息，具有覆盖范围广、获取信息快、动态性强等优势。在旅游规划设计中，遥感技术可用于监测旅游资源分布、土地利用变化、生态环境状况等。GIS 则是对地理数据进行存储、管理、分析和可视化的工具，能够整合多种来源的数据，为旅游规划设计的监测提供强大的空间分析功能。通过 GIS，可以对旅游规划实施过程中的空间变化进行监测和分析，如基础设施建设进度、景区游客流量分布等。

2. 实地调查与观测

实地调查是获取第一手资料的有效方法，通过问卷调查、访谈、观察等方式，可以深入了解旅游规划实施过程中的实际情况和问题。观测则是对特定对象进行持续、系统的观察和记录，如环境监测站对空气质量、水质等环境指标的持续观测。实地调查与观测的结果可以为旅游规划设计的监测提供真实、可靠的数据支持。

3. 数据分析与模型预测

数据分析是对收集到的数据进行整理、归纳、分析和解释的过程，以揭示数据背后的规律和趋势。在旅游规划设计的监测中，数据分析可以用于评估规划实施效果、预测未来发展趋势等。模型预测则是利用数学模型对旅游系统的未来发展进行模拟和预测，如旅游需求预测模型、生态环境影响评估模型等。这些模型可以为旅游规划设计的调整和优化提供科学依据。

4. 智能化监测技术

随着物联网、大数据、人工智能等技术的不断发展，智能化监测技术在旅游规划设计中的应用日益广泛。例如，通过部署在景区内的传感器网络，可以实时监测游客流量、环境质量等指标；利用大数据分析技术，可以对游客行为、消费习惯等进行深入挖掘和分析；借助人工智能算法，可以对旅游规划实施过程中的异常情况进行自动识别和预警。这些智能化监测技术可以大大提高旅游规划设计的监测效率和准确性。

（三）监测的频率与周期

1. 监测频率的确定

监测频率指的是在一定时间内进行监测的次数。在不同的规划实施阶段，监测的频率应有所区别。例如，在规划初期，由于各项建设活动刚刚启动，变化较为频繁，因此需要较高的监测频率以掌握实时动态；而在规划后期，各项设施基本完善，变化相对较小，可以适当降低监测频率。对于资源和环境较为敏感的区域或项目，应增加监测频率以及时发现和应对可能出现的问题。例如，对于生态脆弱区或自然保护区内的旅游项目，应实施更为严格的监测制度。先进的监测技术和充足的经费支持可以提高监测的效率和准确性，从而允许更高的监测频率。相反，技术和经济条件受限时，可能需要降低监测频率以平衡成本效益。

2. 监测周期的划分

监测周期是指从一个监测点开始到下一个监测点结束的时间跨度。监测周期应与旅游规划的整体实施周期相协调，确保在规划实施的关键节点和重要阶段都有相应的监测数据支持。监测周期应具有一定的适应性和灵活性，能够根据规划实施过程中的实际情况进行调整。例如，当发现某一问题较为突出或需要重点关注时，可以缩短该问题的监测周期以获取更详细的信息。对于旅游规划设计的长期监测而言，保持监测的连续性和稳定性至关重要。因此，在划分监测周期时，应考虑到长期监测的需求和可能性，确保数据的可比性和延续性。

（四）监测结果的报告与反馈

1. 报告编制

监测报告应涵盖规划实施的各个方面，包括但不限于项目进展、资源利用、环境影响和社会经济效益等。每一项内容都需要提供翔实的数据支持和深入的分析解释。报告中使用的数据必须来源可靠、处理得当，确保其准确性。数据的采集、处理和分析方法也应在报告中详细说明，以增强数据的可信度。报告不仅要呈现数据，还要对数据进行深入分析，挖掘数据背后的原因、趋势和关联，为决策者提供有价值的洞见。报告应采用规范的格式和结构，清晰、有条理地展示监测结果。图表、表格等可视化工具的使用可以提高报告的可读性和直观性。

2. 反馈实施

监测结果应在第一时间反馈给相关决策者和管理者，以便他们能够根据最新情况迅速做出调整或决策。基于监测结果和分析，报告应提供有针对性的改进建议或优化措施，以指导后续的规划实施工作。反馈不应仅限于顶层决策者，还应通过适当渠道在更广泛的范围内共享，包括项目执行人员、利益相关者和公众等，以增强透明度和促进多方参与。对于重要的反馈意见或建议，应建立跟踪机制，确保它们得到妥善处理和实施，并在后续的监测报告中反映其影响。监测结果的报告与反馈是一个持续不断的过程。随着旅游规划的实施和外界环境的变化，监测内容、指标和方法可能需要相应的调整。因此，建立一个灵活、适应性的监测和反馈机制至关重要，以确保旅游规划始终与当前实际情况相契合。

二、旅游规划设计的评估

（一）评估的内容与标准

1. 评估内容

评估旅游规划设计在实际操作中的执行情况，包括项目完成度、投资效益、设施建设等方面的具体成果。这一内容主要关注规划是否按照预期目标和计划得以实施，并分析实施过程中的问题和原因。对旅游规划设计的目标进行量化评估，衡量规划目标的实现程度。这包括经济效益、游客满意度、生态环境保护等目标的达成情况。通过对比规划目标和实际成果，可以评估规划的成败和效果。评估旅游规划设计在促进经济、社会和环境可持续发展方面的表现。这包括资源利用的可持续性、生态系统的保护、文化传承与发展等方面。可持续性评估强调规划在长期发展中的稳定性和可持续性，以确保旅游业的健康发展。评估旅游规划设计对当地社会的影响，包括就业机会、居民收入、社区参与、文化交流等方面的效益。社会效益评估关注规划对当地居民的福祉和社区发展的贡献，以衡量规划的社会价值。

2. 评估标准

评估标准应涵盖旅游规划设计的各个方面，确保评估结果的全面性和客观性。这需要建立一套完善的评估指标体系，包括定量和定性指标，以全面反映规划的实际效果。评估标准应基于科学的方法和理论，确保评估结果的准确性和可靠性。这需要运用先进的评估技术和方法，结合实际情况，进行科学、客观的分析和评价。评估标准应具有可操作性，方便评估人员进行实际操作和应用。这需要制定明确的评估流程和步骤，提供具体的评估工具和手段，以确保评估工作的顺利进行。评估标准应具有动态性，能够随着旅游业的发展和外部环境的变化进行相应的调整。这需要定期对评估标准进行审视和修订，以适应新的形势和要求。

（二）评估的方法与技术

1. 定性与定量评估方法

（1）定性评估方法

第一，文献分析法。通过查阅相关文献，了解旅游规划设计的背景、发展历程、理论基础等，为评估提供理论支撑。第二，深度访谈法。与规划设计师、决策者、利益相关者等进行深入交流，获取他们对规划设计的看法、意见和建议。第三，观察法。对规划实施现场进行实地观察，记录实际情况，发现问题和不足。

（2）定量评估方法

第一，指标体系法。构建包含多个指标的评估体系，如经济效益指标、社会效益指标、生态环境指标等，通过量化分析来评估规划设计的实施效果。第二，数学模型法。运用数学模型对旅游规划设计的各个方面进行模拟和预测，如回归分析、灰色预测模型等，以揭示数据背后的规律和趋势。第三，成本—收益分析法。对旅游规划设计的投入与产出进行成本—收益分析，评估规划设计的经济效益和可行性。

2. 现代评估技术

利用遥感技术获取地表信息，结合 GIS 进行空间分析和可视化表达，为旅游规划设计的评估提供强大的空间数据支持。通过收集和分析旅游相关的大数据，如游客流量、消费习惯、满意度等，运用人工智能算法进行数据挖掘和预测分析，为评估提供科学依据。运用 VR 和 AR 技术构建旅游规划设计的三维仿真模型，进行模拟游览和体验评估，以更直观地展示规划设计的实际效果。

（三）评估的时机与周期

1. 评估时机

在旅游规划设计方案确定但尚未实施之前进行评估，主要目的是预测规划实施可能带来的影响和效果，以及识别潜在的风险和挑战。这种评估有助于及时发现问题，为规划方案的优化提供依据，减少实施过程中的不确定性和风险。

在旅游规划设计方案实施过程中进行评估，主要目的是监控规划的执行情况，评估规划目标的实现程度，以及识别实施过程中的问题和挑战。这种评估有助于及时发现问题并采取相应的措施予以纠正，确保规划按照既定目标顺利推进。

在旅游规划设计方案实施完成后进行评估，主要目的是全面评价规划的实施效果，衡量规划目标的实现程度，以及总结规划实施过程中的经验教训。这种评估有助于为未来的旅游规划设计提供借鉴和参考，促进旅游业的可持续发展。

2. 评估周期

第一，定期评估。根据旅游规划设计的实施阶段和目标要求，设定固定的评估周期，如每年、每两年或每五年进行一次评估。定期评估有助于形成持续、动态的评估机制，及时发现和解决规划实施过程中的问题，确保规划按照既定目标推进。

第二，不定期评估。根据旅游规划设计的实际情况和需要，灵活确定评估时机和周期，进行不定期的评估。不定期评估主要针对突发事件、重大政策调整或市场环境变化等特殊情况下的评估需求，以确保评估工作的及时性和有效性。

（四）评估结果的报告与反馈

1. 评估结果报告

评估结果报告应全面、准确地反映评估工作的主要发现，包括但不限于规划实施效果、目标达成度、存在问题及其原因等。报告应包含定量数据和定性分析，以提供对旅游规划设计绩效的全面视图。数据应清晰、准确地呈现，分析应深入、有逻辑。报告应采用正式、规范的格式，确保信息的清晰度和易读性。图表、表格和可视化工具的使用可以增强数据的直观性和理解度。报告应包含摘要、正文、结论和建议等部分，以便于读者快速了解评估结果和关键信息。报告应基于可靠的数据和科学的分析方法，确保评估结果的客观性和准确性。报告编写应严谨、细致，避免歧义和误导性陈述，确保评估结果的公信力和权威性。

2. 评估结果反馈

评估结果应及时、全面地反馈给旅游规划设计的决策者、执行者以及其他利益相关者，包括政府部门、企业、社区居民等。反馈应考虑不同受众的信息需求和理解能力，采用恰当的方式和渠道进行传递。反馈应包含评估结果的主要发现、结论和建议，特别是针对存在的问题和改进方向的明确指示。反馈应提供具体、可行的建议措施，以指导旅游规划设计的调整和优化。应建立有效的反馈机制，确保评估结果能够及时反馈给相关方，并能够收集和处理他们的意见和建议。反馈机制应具有灵活性和适应性，能够根据实际情况进行调整和改进，以实现持续的信息交流和共享。

第九章　旅游规划设计中的文化与遗产保护

第一节　文化遗产在旅游规划中的重要性

一、文化遗产与旅游规划

（一）旅游规划中的文化遗产元素

1. 文化遗产元素的定义与分类

文化遗产元素是指在历史、艺术、科学或社会等方面具有特殊价值的物质与非物质文化遗产。在旅游规划中，文化遗产元素通常包括历史遗址、古建筑、艺术品、传统手工艺、民俗表演等。这些元素既可以是物质形态的文化遗产，也可以是非物质形态的文化遗产，它们共同构成了旅游目的地的文化特色和历史底蕴。

2. 文化遗产元素在旅游规划中的作用

文化遗产元素具有独特的历史魅力和文化价值，能够吸引游客的兴趣和好奇心。通过将这些元素融入旅游规划中，可以丰富旅游产品的内涵，提升旅游目的地的吸引力。文化遗产元素是民族文化的重要载体，通过旅游规划中的展示和传播，可以让游客更好地了解和体验当地的文化特色，促进文化的传承和弘扬。文化遗产元素在旅游市场中具有较高的经济价值。通过合理的旅游规划，可以将这些元素转化为旅游资源，带动相关产业的发展，促进当地经济的繁荣发展。

3. 文化遗产元素在旅游规划中的保护与开发

在旅游规划中，应坚持"保护为主、抢救第一、合理利用、加强管理"的原则，确保文化遗产元素得到妥善保护。同时，还需要制定严格的保护措施和监管机制，防止过度开发和破坏现象的发生。在保护的前提下，可以通过挖掘文化遗产元素的内涵和价值，开发具有地方特色的旅游产品。例如，可以依托历史遗址和古建筑开展文化旅游活动，利用传统手工艺和民俗表演打造文化体验项目等。为了实现文化遗产元素的可持续利用，需要在旅游规划中注重生态平衡和环境保护。同时，还需要加强与当地社区的合作与参与，让当地居民从旅游发展中受益，实现经济、社会和文化的协调发展。

（二）文化遗产与旅游发展的关系

文化遗产与旅游发展之间存在着紧密而复杂的关系。文化遗产作为人类历史与文明的瑰宝，为旅游业提供了独特的资源和吸引力；而旅游发展则为文化遗产的保护与传承提供了新的机遇与挑战。

1. 文化遗产对旅游发展的推动作用

文化遗产作为旅游资源的重要组成部分，为旅游业提供了丰富多样的产品与服务。无论是历史遗址、古建筑、艺术品，还是传统手工艺、民俗表演等，都能成为吸引游客的独特卖点。文化遗产往往具有独特的地域特色和文化魅力，能够成为旅游目的地的标志性符号。通过挖掘和展示文化遗产的价值，可以提升旅游目的地的知名度和美誉度，形成具有竞争力的旅游品牌。文化遗产的旅游开发能够带动相关产业的发展，创造就业机会，促进当地经济的增长。

2. 旅游发展对文化遗产的影响

随着旅游业的兴起，越来越多的人开始关注和重视文化遗产的价值。旅游发展推动了文化遗产保护意识的普及和提高，为文化遗产的保护与传承创造了有利的社会环境。旅游发展带来的经济收益可以为文化遗产的保护与修复提供必要的资金和技术支持。同时，旅游业的发展也促进了相关保护技术和方法的创新与发展。然而，旅游发展也可能对文化遗产造成过度开发的风险。过度的商业化和游客流量可能导致文化遗产的损坏和破坏，甚至改变其原有的历史和文化内涵。

3. 文化遗产保护与旅游发展的平衡与协调

在旅游发展中，应坚持可持续性原则，确保文化遗产的保护与旅游开发之间的平衡。通过制定合理的旅游规划和管理措施，限制游客流量和开发强度，减少对文化遗产的负面影响。加强当地社区的参与与合作是实现文化遗产保护与旅游发展协调的重要途径。通过让当地居民参与旅游规划和管理决策过程，分享旅游发展带来的经济收益，可以增强他们对文化遗产保护的积极性和责任感。加强文化遗产保护与旅游发展的教育与宣传工作也是至关重要的。通过提高公众对文化遗产价值的认识和尊重，培养文明旅游的行为习惯，可以减少对文化遗产的破坏和损害。

二、文化遗产的旅游吸引力

（一）文化遗产的独特性与原真性

1. 文化遗产的独特性

独特性是指文化遗产在历史、艺术、科学或社会等方面所展现出的非凡特质，这些特质使其与其他旅游资源相比具有显著的差异性和不可复制性。独特性不仅体现在物质形态上，如建筑风格、遗址规模等，还体现在非物质形态上，如传统习俗、手工艺技能等。文化遗产的独特性对游客而言具有极强的吸引力。游客往往被文化遗产所展现出的独特魅力所吸引，希望通过亲身体验来感受其非凡价值。因此，在旅游规划中，充分挖掘和展示文化遗产的独特性，是提升旅游目的地吸引力的关键。为了保持文化遗产的独特性，需要采取有效的保护措施，防止其受到自然和人为因素的破坏。同时，还需要通过传承和创新的方式，将文化遗产的独特魅力传递给更多的人，实现其价值的持续传播。

2. 文化遗产的原真性

原真性是指文化遗产在传承和发展过程中保持其原始状态和真实性的程度。它要求文化遗产在旅游开发中尊重其历史背景和文化内涵，避免过度商业化和虚假包装。文化遗产的原真性对游客而言同样具有吸引力。游客希望通过旅游活动来了解和体验真实的历史和文化，而不是被虚假的包装所误导。因此，在旅游规划中，保持文化遗产的原真性，是提升游客满意度和忠诚度的重要因素。为了保持文化遗产的原真性，需要在旅游规划中制定严格的保护措施，确保文化遗产在开发过程中不受损害。同时，还需要通过科学合理的展示方式，将文化遗产的真实面貌呈现给游客，让他们能够深入了解其历史背景和文化内涵。

（二）文化遗产与旅游体验的深度

1. 文化遗产对旅游体验的深度贡献

文化遗产往往承载着深厚的历史与文化内涵。游客通过亲身参观和体验，可以深入了解遗产背后的历史故事、文化背景和社会价值，从而获得一种时间上的纵深感，实现跨越时空的文化交流。文化遗产所蕴含的人类智慧、艺术成就和民族精神，能够激发游客的情感共鸣和认知提升。游客在欣赏遗产美学价值的同时，也能够感受到其背后所传递的人类共同的价值观念和精神追求。与传统的观光旅游相比，文化遗产旅游更注重游客的参与和互动。通过设计各种体验活动，如手工艺制作、民俗表演观赏等，游客可以亲身参与到文化遗产的传承与实践中，获得更加生动和深刻的体验。

2. 提升文化遗产旅游体验深度的策略

为了帮助游客更好地理解和欣赏文化遗产，需要提供专业且生动的解说和导览服务。通过运用多媒体技术、虚拟现实等手段，可以创新解说方式，提升导览效果，使游客在有限的时间内获得更加丰富的信息。为了满足不同游客的需求和兴趣，需要设计多样化的体验活动。这些活动可以围绕文化遗产的核心价值展开，涵盖观赏、参与、互动等多个层面，让游客在轻松愉快的氛围中获得深度的体验。当地社区是文化遗产的重要传承者和保护者。通过加强与社区的合作，可以让游客更加深入地了解当地的文化和生活方式，同时也能促进社区对文化遗产保护工作的参与和支持。

（三）文化遗产在旅游市场中的竞争力

1. 文化遗产的竞争优势

文化遗产作为人类历史与文明的结晶，具有不可复制性和稀缺性。这种独特性使得文化遗产在旅游市场中具有天然的竞争优势，能够吸引追求独特体验和深度文化的游客。文化遗产承载着丰富的历史信息和深厚的文化底蕴，能够激发游客的文化认同和情感共鸣。这种情感上的连接使得游客更愿意选择文化遗产作为旅游目的地，从而提升了其在旅游市场中的竞争力。文化遗产不仅具有观赏价值，还具有教育与启智功能。游客通过参观文化遗产，可以增长知识、开阔视野，这种寓教于乐的方式使得文化遗产在旅游市场中具有持久的吸引力。

2. 提升文化遗产竞争力的策略

文化遗产的保护与传承是提升其竞争力的基础。只有确保文化遗产的真实性和完整性，才能保持其独特的魅力和价值。因此，需要加大保护力度，制定科学合理的保护措施，并加强传承人的培养与传承机制的建设。随着科技的发展，传统的展示方式已经不能满足游客多样化的需求。因此，需要创新展示与利用方式，运用现代科技手段如虚拟现实、增强现实等，为游客提供更加生动、直观的体验。同时，还可以开发文化遗产相关的文创产品，延伸产业链，提升附加值。在激烈的旅游市场竞争中，市场营销与推广是提升文化遗产竞争力的关键。需要通过多种渠道和方式宣传文化遗产的价值和魅力，提高其在旅游市场中的知名度和美誉度。同时，还需要加强与旅游企业、在线旅游平台等的合作，拓宽营销渠道，扩大市场份额。

三、文化遗产在旅游规划中的保护作用

（一）保护文化遗产的重要性

在旅游规划中，重视文化遗产的保护可以有效防止目的地的过度商业化。

通过制定合理的开发策略和控制游客流量，可以确保文化遗产的原始风貌和历史价值不被破坏，避免其沦为纯粹的商业工具。将文化遗产保护纳入旅游规划，有助于实现旅游业的可持续发展。通过保护文化遗产，可以确保其在未来继续为旅游业提供独特的资源，同时促进当地经济、社会和文化的协调发展。文化遗产的保护与展示可以提升旅游目的地的品质。一个拥有丰富且保存完好的文化遗产的目的地，往往更能吸引游客的关注和兴趣，从而提高其在旅游市场中的竞争力。

保护文化遗产，就是保护人类的历史记忆和文化根脉，确保这些宝贵的精神财富得以传承和发扬。文化遗产的多样性是文化多样性的重要体现。保护不同地域、不同民族的文化遗产，有助于维护世界文化的多样性，促进各种文化之间的交流与融合。文化遗产的保护与利用可以促进当地经济社会的发展。通过发展文化遗产旅游，可以带动相关产业的发展，创造就业机会，提高当地居民的生活水平。同时，文化遗产的保护还可以提升地区的文化软实力，增强地区的综合竞争力。文化遗产是民族精神的载体，保护文化遗产有助于增强民族认同感和凝聚力。通过了解和欣赏本民族的文化遗产，人们可以更加深刻地认识到自己的文化根源和民族特色，从而加深对民族文化的认同和热爱。

（二）文化遗产保护与旅游开发的平衡

文化遗产是人类历史与文明的珍贵见证，具有不可替代的历史、艺术、科学和社会价值。保护文化遗产对于传承历史文化、维护民族认同、促进文化多样性以及推动人类文明进步具有重要意义。因此，在旅游开发中，必须优先考虑文化遗产的保护，确保其真实性和完整性不受损害。旅游业作为全球经济的重要组成部分，对于推动经济增长、创造就业机会、提升地区知名度等方面具有显著作用。然而，旅游开发往往伴随着游客流量的增加、商业活动的扩张以及基础设施的建设，这些都可能对文化遗产造成直接或间接的影响。因此，在旅游开发中，需要寻求一种平衡，既要满足游客的需求，又要确保文化遗产的安全与完整。

在旅游开发前，应进行全面的文化遗产评估，明确保护的重点和范围。同时，制定科学合理的旅游规划，确保开发活动与文化遗产保护相协调。建立健全的监管机制，加强对旅游开发活动的监督和管理。对于违反保护规定的行为，应依法予以惩处，确保文化遗产的安全。加强文化遗产保护的宣传教育，提升公众对文化遗产价值的认识和保护意识。同时，鼓励公众参与文化遗产的保护工作，形成全社会共同关注和支持的良好氛围。运用现代科技手段创新文化遗产的展示方式，为游客提供更加生动、直观的体验。同时，开发具有文化遗产特色的旅游产品和服务，满足游客的多样化需求。

第二节　文化遗产保护的原则与方法

一、文化遗产保护的基本原则

（一）真实性原则

1. 保持文化遗产的原真性

在文化遗产保护领域，真实性原则被视为至关重要的指导准则。这一原则强调在保护过程中应尽可能保持文化遗产的原真性，即其原始状态、历史信息和文化价值。真实性原则要求文化遗产在保护过程中不被歪曲、篡改或过度商业化。它强调文化遗产的历史性、文化性和独特性，反对任何形式的伪造、仿古或过度修复。这一原则的重要性在于，它是确保文化遗产价值得以完整传承和呈现的基础。只有保持原真性，文化遗产才能作为历史的见证、文化的载体，为后人提供准确的历史信息和深厚的文化底蕴。在强调保持文化遗产原真性的同时，也需要注意合理利用的问题。文化遗产不仅是历史的见证，更是活态的文化资源。通过合理利用，可以将其价值转化为现实的社会效益和经济效益，为地区发展和社会进步做出贡献。然而，合理利用必须建立在保持原真性的基础上，避免过度开发和商业化带来的损害。因此，需要在保护与开发之间寻求平衡，确保文化遗产的可持续利用。

2. 避免过度商业化与伪造

过度商业化指的是在文化遗产保护与开发过程中,过分追求经济利益而忽视文化遗产的历史、文化和艺术价值,导致其被过度开发、滥用甚至破坏的现象。这种行为不仅会损害文化遗产的原真性,还可能引发公众对文化遗产价值的误解和漠视。伪造指的是在文化遗产保护过程中,故意制造虚假的历史信息、文化元素或艺术品等行为。这种行为不仅严重违背真实性原则,还可能误导公众对历史和文化的认知,甚至损害国家和民族的文化尊严。

避免过度商业化与伪造是真实性原则在文化遗产保护中的具体体现。这一原则的实践意义在于确保文化遗产的历史信息和文化价值得以真实、完整地传承给后人。只有坚持真实性原则,才能维护文化遗产的尊严和价值,实现其可持续利用与发展。

(二) 完整性原则

1. 保护文化遗产的整体环境

文化遗产保护的完整性原则强调在保护文化遗产本身的同时,也要注重其所在的整体环境的保护。这一原则认为,文化遗产与其周围环境是相互依存、相互影响的有机整体,只有共同保护,才能确保文化遗产的完整性和真实性。

文化遗产的价值不仅体现在其本身的物质形态和历史文化内涵上,还与其所在的整体环境密切相关。整体环境包括自然环境(如地形地貌、水文气候等)和人文环境(如历史背景、社会文化等)。这些因素共同构成了文化遗产存在和发展的基础,对其价值产生深远影响。自然环境对文化遗产的保存状况和展示效果具有重要影响。例如,一些古建筑和遗址的保存需要特定的气候条件和地质环境。如果周围环境发生剧烈变化,如过度开发、污染等,就可能导致文化遗产的破坏和损失。人文环境则是文化遗产历史和文化内涵的重要组成部分。文化遗产作为历史的见证和文化的载体,其价值和意义往往需要在特定的历史背景和社会文化环境中才能得到充分体现。因此,保护文化遗产的整体环境,对于完整呈现其历史价值和文化内涵具有重要意义。

保护文化遗产的整体环境不仅有助于维护文化遗产的完整性和真实性,

还与可持续发展密切相关。对于文化遗产来说，保护其整体环境就是确保其历史价值和文化内涵得以传承和发展的基础。通过保护整体环境，可以促进文化遗产的可持续利用和发展。一方面，良好的整体环境可以提升文化遗产的吸引力和知名度，吸引更多的游客前来参观和旅游，从而推动当地经济的发展；另一方面，保护整体环境也有助于提升当地居民的生活质量和幸福感，增强他们对文化遗产保护的认同感和参与度。

2. 维护文化遗产的各部分要素

文化遗产通常包含多个相互关联的要素，如物质要素（建筑、遗址、艺术品等）和非物质要素（传统技艺、民俗活动、口头传说等）。这些要素共同构成了文化遗产的整体，每一个要素都是文化遗产不可分割的一部分。因此，在保护文化遗产时，必须全面考虑并维护其所有要素，确保它们的完整性和内在联系不被破坏。维护文化遗产各部分要素的完整性对于文化遗产的保护至关重要。首先，每个要素都承载着特定的历史信息和文化价值，是理解文化遗产整体价值的基础。其次，各要素之间相互依存、相互影响，共同构成了文化遗产的独特性和多样性。如果某个要素缺失或受到破坏，将影响文化遗产的整体价值和意义。

（三）可持续性原则

1. 确保文化遗产的长期保存

可持续性原则在文化遗产保护中占据核心地位，它强调在保护过程中应确保文化遗产的长期保存，同时满足当代与后代的需求。可持续性原则要求文化遗产的保护工作必须考虑长远影响，确保文化遗产能够跨越时空，为后人留下宝贵的历史见证。这一原则强调在保护过程中应平衡好文化遗产的保存与利用之间的关系，既要满足当代社会对文化遗产的认知、教育和审美需求，又要确保不对其造成不可逆转的损害，保障后代同样能够享受到文化遗产的价值。

确保文化遗产的长期保存面临着诸多挑战。首先，自然因素如气候变化、地质灾害等不可抗拒力量对文化遗产造成持续威胁。其次，人为因素如城市化进程、旅游开发等也可能对文化遗产的保存环境带来破坏。最后，保护技术的局限性和保护资金的匮乏也是制约文化遗产长期保存的重要因素。为应对上述挑战，实现文化遗产的长期保存，需要采取一系列可持续保护策略。一是加强科学研究，深入了解文化遗产的材质、结构和保存状况，为制定有针对性的保护措施提供科学依据。二是提升保护技术，引入新材料、新工艺和新技术，提高文化遗产的抗干扰能力和稳定性。三是强化法律法规建设，明确保护责任和义务，加大对破坏文化遗产行为的惩处力度。在全球化背景下，国际合作与交流对于实现文化遗产的长期保存至关重要。通过分享保护经验、交流保护技术、共同开展保护项目等方式，各国可以相互学习、取长补短，共同推动文化遗产保护事业的发展。同时，国际组织和机构在资金、技术和政策等方面提供的支持对于促进文化遗产的可持续保护也具有重要意义。

2. 促进文化遗产的可持续利用

在保护文化遗产的过程中，可持续性原则提倡在保障文化遗产长期保存的同时，促进其可持续利用，以满足当代和未来世代的文化、教育、经济等多方面需求。可持续利用是指在确保文化遗产的完整性、真实性和价值不受损害的前提下，通过合理的管理和开发策略，使文化遗产能够在当代社会中发挥积极作用，并为后代留下可持续利用的资源。这就要求我们在制定文化遗产保护计划时，必须考虑到其长期的社会、经济和环境影响。

通过可持续利用，文化遗产可以作为教育和学习的资源，帮助公众更好地理解和欣赏自己的文化根源，从而增强文化认同感和民族自豪感。文化遗产的可持续利用可以带动旅游业和相关产业的发展，创造就业机会，促进地方经济的繁荣。通过参与文化遗产的保护和利用活动，社区成员可以加强彼此之间的联系和合作，增强社会凝聚力。

二、文化遗产保护的具体方法

（一）科学技术保护

1. 运用现代科技手段进行监测与维护

随着科技的飞速发展，现代科技手段在文化遗产保护领域的应用日益广泛。运用科学技术对文化遗产进行监测与维护，不仅可以提高保护的效率和准确性，还能够为文化遗产的长期保存和可持续利用提供有力支持。科学技术在文化遗产保护中发挥着至关重要的作用。通过运用先进的科技手段，我们可以更加全面、深入地了解文化遗产的保存状况，及时发现潜在的风险和隐患，为制定有针对性的保护措施提供科学依据。同时，科学技术还可以帮助我们更加精准地实施保护措施，提高保护工作的效率和效果，确保文化遗产的完整性和真实性得到有效维护。

通过三维扫描、高清摄影等技术手段，将文化遗产转化为数字信息，便于存储、传输和展示。数字化技术不仅可以实现文化遗产的永久保存，还可以为研究者提供更加便捷的研究工具。运用各种传感器对文化遗产进行实时监测，如温湿度传感器、位移传感器等。这些传感器可以实时收集文化遗产的环境参数和状态信息，为管理者提供决策依据。通过对收集到的数据进行深入分析和挖掘，可以发现文化遗产保存过程中的规律和趋势，预测潜在的风险和隐患。这有助于管理者及时采取预防措施，避免文化遗产受到损害。运用先进的材料科学、化学、物理学等技术手段，对文化遗产进行修复和保护。这些技术可以有效延长文化遗产的寿命，提高其抵抗自然和人为因素的能力。

2. 创新文化遗产的数字化保护与展示方式

随着信息技术的迅猛发展，数字化技术已成为文化遗产保护领域的重要创新手段。通过数字化保护与展示方式，我们不仅能够更加全面、精确地记录和保存文化遗产的信息，还能以更加生动、多样的形式向公众展示和传播文化遗产的价值。

数字化保护是指利用数字化技术对文化遗产进行采集、处理、存储和传输的过程。通过高分辨率扫描、三维建模、虚拟现实等手段，我们可以将文化遗产转化为数字信息，实现其永久存储和高精度复制。这种保护方式不仅避免了物理损坏和丢失的风险，还能随时随地进行访问和共享，极大地提高了文化遗产的可利用性和可传播性。传统的文化遗产展示方式往往受限于时间、空间和形式，难以充分展现文化遗产的魅力和价值。而数字化技术则为我们提供了更加广阔的展示空间和更加多样的展示形式。通过互联网、移动应用、增强现实（AR）、虚拟现实（VR）等技术手段，我们可以将文化遗产以更加生动、直观的方式呈现给公众，让他们跨越时空的限制，身临其境地感受文化遗产的魅力。这种创新的展示方式不仅增强了公众对文化遗产的认知和体验，还激发了他们对文化遗产的兴趣和热爱，为文化遗产的保护和传承奠定了广泛的社会基础。

（二）教育培训保护

1. 加强文化遗产保护专业人才的培养

文化遗产作为人类文明的瑰宝，其保护工作不仅需要先进的技术手段，更需要一支高素质、专业化的保护人才队伍。因此，加强文化遗产保护专业人才的培养，对于提升文化遗产保护水平、实现文化遗产的可持续利用具有重要意义。

文化遗产保护是一项复杂而系统的工程，涉及历史学、考古学、艺术学、材料科学等多个领域。因此，培养具备跨学科知识背景和实践能力的专业人才至关重要。这些专业人才能够深入理解和挖掘文化遗产的价值，运用科学的方法和技术手段进行保护、修复和展示，为文化遗产的长期保存和传承提供有力支撑。

文化遗产保护专业人才的培养应涵盖理论知识和实践技能两个方面。理论知识包括文化遗产保护的基本概念、原则和方法，以及相关的历史、艺术和科学知识。实践技能则包括文物保护技术、修复技术、展示技术等实际操作能力。为了增强培训效果，可以采取多种培训方式相结合的方法。例如，通过课堂教学传授理论知识，通过实验室和实践基地进行技能培训，通过参与实际项目提升实践能力。此外，还可以邀请国内外专家举办讲座和交流，拓宽学员的视野和思路。

2. 开展公众文化遗产保护教育活动

开展公众文化遗产保护教育活动，不仅可以提高公众对文化遗产的认知和理解，还能激发他们的保护意识和参与热情，从而形成全社会共同参与的文化遗产保护氛围。

公众是文化遗产保护的重要力量。通过开展教育活动，可以向公众普及文化遗产保护的基本知识、原则和方法，帮助他们了解文化遗产的历史背景、文化内涵和保护价值。同时，教育活动还能增强公众的责任感和使命感，引导他们以实际行动参与到文化遗产保护中。此外，公众教育活动还能促进文化遗产的传承与发展，推动文化遗产与现代社会的融合。公众文化遗产保护教育活动可以采取多种形式，如讲座、展览、研讨会、实践活动等。在内容方面，可以围绕文化遗产的历史渊源、艺术特色、科学价值、保护技术等方面进行设计和安排。同时，还可以结合当地的文化遗产资源和特色，开发具有针对性的教育课程和活动项目。在教育过程中，应注重理论与实践相结合，让公众在亲身体验中感受文化遗产的魅力，提高保护的自觉性和能力。

（三）社会参与保护

1. 鼓励社会各界参与文化遗产保护工作

文化遗产作为人类共同的精神财富，其保护工作不仅需要政府的支持和专业机构的努力，更需要社会各界的广泛参与。鼓励社会各界参与文化遗产保护工作，不仅可以提升保护工作的全面性和有效性，还能促进文化遗产价值的传播和认同。

社会各界是文化遗产保护的重要利益相关者。他们拥有不同的资源、知识和经验，可以为文化遗产保护工作提供多元化的支持和帮助。鼓励社会各界参与，可以扩大保护工作的覆盖面，提高保护工作的针对性和实效性。同时，社会参与还能增强公众对文化遗产的认同感和归属感，促进文化遗产价值的传播和弘扬。社会各界参与文化遗产保护的方式和途径多种多样。例如，企业可以通过资助保护项目、开发文化遗产相关产品等方式参与；非政府组织可以发挥专业优势，提供技术咨询、教育培训等服务；社区和居民可以参与到文化遗产的日常维护和管理中；媒体则可以发挥舆论引导作用，宣传文化遗产保护理念和成果。

2. 加强与国际组织和其他国家的合作与交流

在全球化的背景下，文化遗产保护已不仅是一个国家或地区的内部事务，而是需要跨越国界、寻求国际合作与交流的共同议题。加强与国际组织和其他国家的合作与交流，对于提升文化遗产保护水平、促进文化多样性和人类文明的可持续发展具有重要意义。

文化遗产是人类共同的财富，其保护工作需要全球范围内的共同努力。通过与国际组织和其他国家的合作与交流，可以共享保护经验、技术和资源，共同应对文化遗产保护面临的挑战。这种合作与交流不仅有助于提升保护工作的专业性和科学性，还能促进不同文化之间的相互理解和尊重，推动世界文化的多样性与共融。加强与国际组织和其他国家的合作与交流，可以采取多种方式。例如，参与国际文化遗产保护组织的活动，与其他国家共同开展保护项目，举办国际研讨会和论坛等。在内容方面，可以围绕文化遗产保护的理论研究、技术创新、政策制定等方面进行深入交流与合作。同时，还可以关注跨国界文化遗产的保护问题，共同探索跨国合作的有效机制。

第三节 旅游规划中文化遗产的活化利用策略

一、文化遗产活化利用的原则与方法

(一) 保护优先，合理利用

1. 保护优先

保护优先原则强调的是文化遗产的不可再生性和脆弱性。文化遗产，无论是物质的还是非物质的，都是历史长河中形成的宝贵遗产，一旦被破坏或丧失，将无法挽回。因此，在进行活化利用时，首要的任务是确保文化遗产的安全，防止因不当利用而造成的损害。保护优先还意味着在文化遗产的活化利用过程中，应优先考虑文化遗产的保护需求，制定合理的保护计划和措施。这包括对文化遗产进行全面而细致的调查研究，评估其保存状况和价值，

以及制定相应的保护措施和修复方案。

2. 合理利用

合理利用原则则强调文化遗产的社会功能和价值实现。文化遗产不仅是历史的见证，更是当代社会的重要文化资源。通过合理利用，可以让文化遗产更好地融入现代生活，发挥其教育、启示和娱乐等多方面的功能。合理利用需要建立在充分理解和尊重文化遗产的基础之上，遵循其原有的历史和文化脉络。同时，也需要运用现代科技和管理手段，创新利用方式，提高文化遗产的可达性和吸引力。例如，可以通过数字化技术将文化遗产转化为可互动、可体验的文化产品，或者通过创意设计将文化遗产元素融入现代生活和消费之中。

（二）尊重历史，保持原真性

1. 尊重历史

尊重历史原则要求我们在活化利用文化遗产时，必须充分认识和尊重其历史背景、形成过程和文化内涵。文化遗产是历史的产物，承载着特定时期、特定地域的文化信息和社会记忆。因此，在活化利用过程中，应避免对历史进行任意解读或篡改，确保所传递的历史信息是准确和可靠的。尊重历史还意味着在活化利用中要注重文化遗产的历史价值。这包括对文化遗产进行深入研究，挖掘其历史意义和文化内涵，以及通过适当的展示和传播方式，让公众更好地了解和认识文化遗产的历史价值。

2. 保持原真性

保持原真性原则强调在活化利用过程中要维护文化遗产的原始状态和真实性。文化遗产的原真性是衡量其价值的重要标准之一，也是其吸引力和魅力的源泉。因此，在活化利用时，应尽可能保持文化遗产的原始风貌和特色，避免过度开发或改造导致其失去原有的历史和文化内涵。为了保持原真性，活化利用过程中需要采取一系列措施。首先，要对文化遗产进行详细的调查和评估，了解其保存状况和特点。其次，在制定活化利用方案时，应充分考虑文化遗产的原始功能和用途，以及其在当代社会中的价值和意义。最后，在实施活化利用项目时，应注重采用传统工艺和材料，以及保持原有建筑风格和空间布局等方式来维护文化遗产的原真性。

（三）创新方式，拓展利用途径

1. 创新方式

创新方式是文化遗产活化利用的核心驱动力。传统的利用方式往往局限于展览、观光等有限的形式，难以充分展现文化遗产的深层价值和多元魅力。因此，需要通过创新方式来突破这些限制，激发文化遗产的活力。创新方式可以包括技术创新、内容创新、形式创新等多个层面。技术创新如数字化技术的应用，可以通过虚拟现实、增强现实等手段，为公众提供沉浸式的文化遗产体验；内容创新则可以深入挖掘文化遗产的历史内涵和文化元素，进行创意性的解读和展示；形式创新则可以探索文化遗产与艺术、教育、旅游等领域的跨界融合，创造出更多元化的利用形式。

2. 拓展利用途径

拓展利用途径是文化遗产活化利用的重要策略。通过拓展利用途径，可以将文化遗产的价值延伸到更广泛的领域，实现其社会、经济、文化等多方面的效益。拓展利用途径可以包括开发文化创意产品、打造特色旅游品牌、开展教育研学活动等。例如，可以提取文化遗产中的符号、图案等元素，设计成具有文化内涵和审美价值的文创产品；也可以将文化遗产地打造成具有地方特色的旅游景区，吸引游客前来体验；还可以依托文化遗产开展各类教育研学活动，发挥其社会教育功能。

（四）公众参与，共享文化成果

1. 公众参与

公众参与强调在文化遗产活化利用过程中，应尊重公众的主体地位，保障其知情权、参与权和监督权。这一原则体现了文化遗产活化利用的民主性和开放性，有助于增强公众对文化遗产的认同感和责任感。为了实现公众参与，需要建立有效的参与机制，包括信息公开、意见征集、决策参与、执行监督等环节。同时，还应注重培养公众的参与意识和能力，通过教育、培训等方式提升其文化素养和参与技能。

2. 共享文化成果

共享文化成果是指在文化遗产活化利用过程中，应实现文化资源的公平分配和广泛共享。这一方法体现了文化遗产活化利用的社会性和公益性，有助于促进文化多样性和社会和谐。为了实现共享文化成果，需要采取多种措施。首先，应完善文化遗产的公共服务体系，包括博物馆、图书馆、文化馆等公共文化设施的建设和服务提升。其次，应推动文化遗产的数字化和网络化建设，利用现代信息技术手段打破时空限制，实现文化资源的远程共享。最后，还应注重开展各类文化遗产普及教育活动，提高公众的文化素养和审美能力。

二、旅游规划中文化遗产活化利用的具体策略

（一）挖掘文化遗产的深层次价值

1. 文化遗产深层次价值的内涵

文化遗产深层次价值主要体现在其历史价值、艺术价值、科学价值和社会价值等多个维度。历史价值反映了文化遗产作为历史见证的重要性，艺术价值体现了其独特的审美特征和创作技艺，科学价值揭示了其在科学研究领域的潜力和价值，而社会价值则关乎文化遗产在增强社会凝聚力、推动文化交流和促进社会可持续发展等方面的作用。

2. 挖掘文化遗产深层次价值的意义

挖掘文化遗产深层次价值是活化利用的核心策略之一。首先，它有助于提升旅游产品的文化内涵和品质，满足游客日益增长的文化需求。其次，通过深入挖掘和展示文化遗产的价值，可以增强公众对文化遗产的认知和尊重，进而促进其传承与保护。最后，文化遗产深层次价值的挖掘还有助于推动文化旅游产业的发展，带动地区经济的增长和社会文化的繁荣。

3. 挖掘文化遗产深层次价值的具体方法

通过对文化遗产的历史背景、发展历程和文化内涵进行深入研究，揭示其独特的历史地位和文化价值。这可以通过查阅历史文献、实地调查和专家咨询等方式实现。针对文化遗产的艺术特征和审美价值，可以通过举办艺术展览、文化节庆等活动，吸引更多的游客和公众关注。同时，借助现代传媒手段，如数字化展示和网络传播等，可以让文化遗产的艺术魅力得以更广泛地传播和欣赏。文化遗产具有重要的社会教育功能。通过开展研学旅行、文化教育项目等，可以让更多的青少年和公众接触到文化遗产，了解其历史文化和社会价值。这不仅可以提升公众的文化素养，还有助于培养社会责任感和对文化遗产的尊重。

（二）加强文化遗产与旅游产业的融合

1. 文化遗产与旅游产业融合的内涵

文化遗产与旅游产业的融合指在旅游规划与开发过程中，将文化遗产资源作为旅游产品的核心要素，通过创意转化和市场化运作，将其与旅游产业深度融合，形成具有独特文化魅力和市场竞争力的文化旅游产品。这种融合强调文化遗产的活化利用和旅游产业的创新发展，旨在实现文化遗产价值的有效转化和旅游产业的可持续发展。

2. 加强文化遗产与旅游产业融合的意义

通过将文化遗产融入旅游产品，可以丰富旅游产品的文化内涵，提升游客的文化体验。这有助于满足游客日益增长的文化需求，提高旅游目的地的吸引力和竞争力。旅游产业的发展可以为文化遗产的传承与保护提供资金支持和市场动力。通过旅游开发，可以让更多的人了解和关注文化遗产，增强其保护意识，促进文化遗产的传承与发展。文化遗产与旅游产业的融合可以带动相关产业的发展，如餐饮、住宿、交通等，从而推动区域经济的增长。同时，文化旅游产业的发展还可以创造更多的就业机会，提升当地居民的生活水平。

3. 加强文化遗产与旅游产业融合的具体策略

对区域内的文化遗产资源进行全面调查和评估，挖掘其历史价值、艺术价值和社会价值等。根据评估结果，制定有针对性的旅游开发策略，将文化遗产资源转化为具有市场吸引力的文化旅游产品。结合文化遗产的特点和旅游市场的需求，创新旅游产品开发模式。例如，可以开发以文化遗产为主题的研学旅行产品、体验式旅游产品等，让游客在亲身体验中感受文化遗产的魅力。通过举办文化节庆活动、开展旅游宣传推广活动等，提高旅游目的地的知名度和美誉度。同时，利用互联网和新媒体手段进行线上营销与推广，吸引更多的游客关注和参与。加强旅游服务设施建设，提高旅游接待能力和服务水平。这包括完善交通、住宿、餐饮等基础设施，以及建设游客服务中心、导游讲解系统等配套服务设施。

（三）引导公众参与文化遗产活化利用

1. 公众参与文化遗产活化利用的内涵

公众参与文化遗产活化利用，在旅游规划与实施过程中扮演着举足轻重的角色。通过政策引导，政府为公众参与铺平道路，提供必要的支持和保障，确保公众的参与行为有法可依、有章可循。教育普及则是提升公众对文化遗产认知的关键，通过各种渠道和形式的教育活动，让公众深入了解文化遗产的价值和意义，从而激发其参与的热情和积极性。此外，举办丰富多彩的文化遗产活动，如展览、演出、体验等，不仅能让公众亲身感受文化遗产的魅力，还能为其提供展示自己才华和创意的平台。这种参与不仅限于直接的物质投入，更多的是知识、技能和创意等非物质形式的贡献，这些都将为文化遗产的活化利用注入新的活力和动力，推动文化遗产在旅游发展中焕发新的生机。

2. 引导公众参与文化遗产活化利用的意义

通过参与文化遗产活化利用，公众可以更深入地了解文化遗产的价值和意义，从而增强对其保护的自觉性和积极性。公众参与有助于将文化遗产融入现代生活，使其在新的时代背景下得到传承与发展。同时，公众的创意和智慧也可以为文化遗产的活化利用带来新的思路和可能。公众参与的文化遗产活化利用项目往往更具地方特色和人文关怀，能够提升旅游目的地的吸引力和竞争力。

3. 引导公众参与文化遗产活化利用的具体策略

政府可以通过制定相关政策，如税收优惠、资金扶持等，鼓励和支持公众参与文化遗产活化利用。同时，还可以设立文化遗产保护志愿者制度，为志愿者提供必要的培训和资源支持。通过学校教育、社区教育、网络教育等途径，普及文化遗产知识，提高公众对文化遗产的认知水平。此外，还可以针对特定群体（如青少年、老年人等）开展专题培训和实践活动，培养其参与文化遗产活化利用的能力。定期举办各类以文化遗产为主题的活动，如文化节、展览、演出等，吸引公众参与。这些活动不仅可以展示文化遗产的魅力，还可以为公众提供亲身参与和体验的机会。利用互联网等现代信息技术手段，搭建公众参与文化遗产活化利用的平台。这些平台可以为公众提供信息交流、意见反馈、项目参与等功能，促进公众与政府、专家、企业等多元主体的互动与合作。

第十章　旅游规划设计与社区参与

第一节　社区参与在旅游规划设计中的意义

一、社区参与旅游规划设计的理论基础

社区参与旅游规划设计是基于多种理论基础的实践活动，它强调在社区层面对旅游发展进行规划、决策、执行和监控的过程中，确保社区居民的广泛、深入和有效参与。

（一）可持续发展理论

可持续发展理论作为社区参与旅游规划设计的核心理论框架，强调经济、社会和环境三大领域的平衡与协调发展。该理论不仅关注当前的发展需求，还着眼于未来，旨在确保资源的可持续利用和生态系统的长期健康。

可持续发展理论强调旅游活动应以不损害自然环境和文化遗产为前提。社区参与能够确保当地居民成为自然和文化资源的守护者，通过他们的知识和经验，制定有效的资源保护策略和环境管理措施。这种参与不仅有助于减少旅游对环境的负面影响，还能促进生态旅游和绿色旅游的发展。可持续发展理论倡导公平的利益分配机制。在社区参与旅游规划的过程中，应确保社区居民能够从旅游发展中获得经济收益，这包括就业机会、收入提升和商业

机会等。通过让社区居民分享旅游经济的成果，可以增强他们对旅游发展的支持度和参与度，从而形成更加稳固和可持续的旅游发展模式。

可持续发展理论还关注社会文化的可持续性。旅游规划应尊重当地的文化传统和价值观，避免文化同质化和商业化。社区参与能够确保旅游发展与当地社会文化相契合，通过保护和传承本土文化，增强旅游目的地的独特性和吸引力。同时，这也为社区居民提供了展示自身文化和创意的平台，促进了文化多样性和文化自信的提升。可持续发展理论要求制定长期、全面的旅游规划，以确保旅游发展的可持续性。社区参与在这一过程中至关重要，因为社区居民作为利益相关者，对当地资源和环境有着深刻的理解和感知。他们的参与能够为规划提供宝贵的地方知识和实践经验，确保规划的科学性和有效性。

（二）参与式发展理论

参与式发展理论是一种强调受益者积极参与并主导发展进程的理论框架。在社区旅游规划设计的语境下，该理论提倡将社区居民作为关键的利益相关者和发展主体，积极融入规划的制定、实施和评估过程中。

参与式发展理论的核心在于"参与"二字，它强调受益者（在此为社区居民）的积极、全面和深入的参与。这种参与不仅是形式上的咨询或象征性的表态，而是要求社区居民能够真正主导旅游规划的方向和内容，确保其反映社区的真实需求和期望。参与式发展理论重视社区居民所拥有的本土知识、技能和经验。这些宝贵的资源往往被传统的规划方法所忽视，但在实际操作过程中，它们对于确保旅游规划的可行性和有效性至关重要。通过参与，社区居民可以将这些知识和技能融入规划中，使其更加符合当地的实际情况和发展需求。

参与式发展理论还关注社区居民的权益保障。在旅游规划过程中，社区居民往往面临资源被剥夺、文化被同质化等风险。通过参与，他们可以更好地维护自己的权益，确保旅游发展不会损害其经济利益、社会权益和文化认同。同时，参与还可以提升社区居民的自信心和组织能力，为其在未来的发展中争取更多的话语权和决策权。参与式发展理论强调发展的持续性和可持续性。通过社区居民的参与，可以确保旅游规划不仅满足当前的需求，还考虑到未来的发展趋势和变化。这种前瞻性的规划有助于避免短期行为和资源浪费，为社区的长期稳定发展奠定了基础。参与式发展理论通过社区居民的参与提高了旅游规划的有效性和可接受性。由于规划充分反映了社区的需求和期望，因此在实施过程中更容易得到社区居民的支持和配合。这种内部的凝聚力和合作精神对于确保旅游规划的顺利实施和取得预期效果至关重要。

（三）社区赋权理论

社区赋权理论是近年来在社会发展和规划领域中逐渐受到重视的理论之一，尤其是在旅游规划设计中，它强调将权力和决策权下放给社区，使社区居民能够自主管理和决策与自身利益相关的事务。

"赋权"一词意味着赋予权力或权威。在社区赋权理论中，它特指将决策、管理、资源分配等权力从上级机构或外部组织转移到社区居民手中。这种转移不仅是对权力的重新分配，更是对社区居民能力和自主性的认可和提升。在旅游规划设计中，社区赋权理论强调社区居民应成为规划的主体，而不仅仅是规划的接受者。通过赋权，社区居民可以更加深入地参与到旅游规划的各个环节中，包括需求分析、资源评估、项目设计、实施监控等。他们的参与不仅能够确保规划更加符合社区的实际需求和期望，还能够提高规划的可操作性和可持续性。

通过参与旅游规划设计，社区居民可以更加深入地了解彼此的需求和期望，形成共同的发展愿景和目标。这种参与过程有助于增强社区的凝聚力和向心力，为旅游发展提供坚实的社会基础。社区居民作为本土文化和资源的直接传承者和保护者，通过赋权参与旅游规划设计，可以更加有效地保护当地的自然和文化资源，防止过度开发和商业化对环境和文化的破坏。社区赋权理论强调权力和资源的公平分配。通过参与旅游规划设计，社区居民可以争取到更多的话语权和决策权，确保旅游发展带来的利益能够公平地惠及每一个社区成员。由于社区居民对当地的环境、文化和社会状况有着深刻的理解和感知，他们的参与可以为旅游规划提供更加准确和全面的信息支持。同时，他们的参与还可以确保规划的实施过程更加顺利和有效，从而提高规划的可持续性和长期效益。

（四）社会交换理论

社会交换理论是社会学领域中的一个重要理论，它主张人类行为是基于交换的关系，人们为了获取某种回报而与他人进行互动。在社区参与旅游规划设计的语境下，社会交换理论提供了一个独特的视角来理解社区居民与其他利益相关者之间的互动关系。

社会交换理论认为，社会互动是一种基于利益交换的过程。在社区旅游规划设计中，这种交换关系尤为明显。社区居民、政府、旅游企业等利益相关者都希望通过参与规划来获取各自所需的利益，如经济收益、社会认可、文化传承等。因此，旅游规划设计实际上是一个多方利益相关者进行利益交换和协商的过程。在社区参与旅游规划设计的背景下，社会交换理论强调社区居民作为重要的利益相关者，应与其他利益相关者进行平等的利益交换。这就意味着社区居民需要积极参与到旅游规划设计中，表达自己的需求和期望，争取应得的利益。同时，他们也需要承担一定的责任和义务，如保护自然和文化资源、维护社区秩序等。

社会交换理论还关注交换过程中的权力关系。在旅游规划设计中，不同利益相关者往往拥有不同的权力和资源，这可能导致交换关系的不平等。为了确保交换的公平性和有效性，需要建立一种平衡的权力关系。这可以通过加强社区居民的组织能力和谈判能力来实现，使他们能够与其他利益相关者进行更加平等的对话和协商。社会交换理论与可持续发展理念具有内在联系。在社区参与旅游规划设计中，通过公平的利益交换和协商，可以确保旅游发展符合可持续性的要求。这包括保护自然和文化资源、促进社区经济发展、传承本土文化等方面。通过社会交换的过程，各方利益相关者可以共同制定和实施符合可持续发展目标的旅游规划。

二、社区参与旅游规划设计的实践价值

(一) 提升旅游规划设计的科学性和合理性

旅游规划设计作为促进旅游业持续发展的重要手段，其科学性和合理性直接关乎旅游目的地的吸引力、竞争力及长期发展。而社区参与到这一过程中被越来越多地认为是提升规划设计质量和效果的关键。

1. 社区参与增强规划的地域性和文化性

社区居民作为地方文化和传统的直接传承者，他们对当地的自然环境、历史文化和社会结构有着深刻的理解。通过参与旅游规划设计，社区居民可以将这些独特的地方知识和文化元素融入其中，从而增强规划的地域性和文化性。这样的规划更能反映当地的特色和魅力，提高旅游目的地的吸引力和辨识度。

2. 社区参与提高规划的可行性和可接受性

旅游规划设计不仅是对美好愿景的描绘，更需要考虑实际操作的可行性。社区居民长期生活在规划地，对当地的资源条件、发展潜力、社会需求和制约因素有着直接的感受。他们的参与能够为规划提供第一手的实践经验和地方智慧，帮助规避潜在的风险和障碍，从而提高规划的可行性。同时，社区居民的参与也增加了他们对规划的认同感和归属感，提高规划的可接受性，为规划的顺利实施奠定了基础。

3. 社区参与促进规划的全面性和长期性

传统的旅游规划设计往往侧重于经济利益和短期效益，而忽视了社会、文化和环境等多方面的因素，以及长远发展的影响。社区参与则能够打破这种局限性，推动规划设计的全面性和长期性。社区居民作为重要的利益相关者，他们的诉求和期望涵盖了经济、社会、文化、生态等多个层面，能够确保规划更加全面地考虑各方面的利益和需求。同时，由于社区居民对当地的长期发展负有责任感，他们的参与也更倾向于支持具有可持续性的规划方案，从而促进旅游的长期发展。

4. 社区参与强化规划的监测与评估机制

旅游规划设计的实施过程需要有效的监测与评估机制来保障其按计划进

行并达到预期目标。社区居民的参与不仅可以提供实时的监测和反馈信息，还可以作为规划评估的重要力量。他们的日常生活和实践经验是对规划效果最直接、最真实的检验。通过他们的观察和体验，可以及时发现规划实施过程中的问题和不足，为规划的调整和优化提供依据。

（二）增强旅游目的地的吸引力和竞争力

随着旅游业的快速发展，目的地间的竞争日益激烈。在这种背景下，社区参与旅游规划设计逐渐成为提升目的地吸引力和竞争力的关键因素

1. 社区参与与目的地特色塑造

每个旅游目的地都有其独特的自然风貌、历史文化和社会习俗，这些元素是构成目的地吸引力的核心。社区居民作为这些特色文化的传承者和守护者，通过参与旅游规划设计，能够将这些独特的文化元素有机地融入其中。这不仅能够保护和传承地方文化，还能够增加旅游产品的文化内涵和独特性，从而增强目的地的吸引力。

2. 社区参与与旅游体验的丰富性

旅游不仅是对风景的观赏，更是一种对当地文化和生活方式的体验。社区居民的日常生活、习俗、传统手工艺等都是旅游者感兴趣的内容。社区参与旅游规划设计意味着他们可以将这些元素融入旅游产品中，为旅游者提供更加真实、深入的文化体验。这种体验不仅能够满足旅游者求新、求异的心理需求，还能够提高目的地的口碑和重游率，从而增强其竞争力。

3. 社区参与与目的地的可持续发展

可持续发展是当前旅游业的重要趋势，它强调在满足旅游者需求的同时，也要保护当地的生态环境和社会文化。社区参与旅游规划设计是实现这一目标的有效途径。社区居民对当地的自然环境和社会状况有着深刻的理解，他们的参与能够确保规划方案更加符合当地的实际情况和发展需求。同时，他们的参与还能够增强他们对规划方案的认同感和归属感，为规划的实施提供坚实的群众基础。这不仅有利于目的地的长期发展，更能够提高其在激烈的市场竞争中的抗风险能力。

4. 社区参与与目的地的品牌形象建设

在旅游市场中，品牌形象是目的地竞争力的重要组成部分。一个具有良好品牌形象的目的地往往能够吸引更多的旅游者和投资。社区参与旅游规划设计有助于目的地品牌形象的塑造和传播。社区居民的积极态度、热情服务以及对当地文化的自豪感都是目的地品牌形象的重要组成部分。他们的参与能够将这些正面的形象展示给旅游者，提高目的地在游客心中的知名度和美誉度。

（三）促进社区经济发展与居民增收

1. 激活社区经济资源

社区作为地域文化的载体，通常蕴藏着丰富的自然、文化和人力资源。然而，这些宝贵的资源在未经有效规划和系统开发的情况下，往往只能沉睡于乡土之中，无法转化为实际的经济利益。社区参与旅游规划设计，恰如一剂良药，能够精准地唤醒这些沉睡的资源。通过精心策划与设计，这些资源被巧妙地融入旅游产品之中，焕发出新的生机。旅游业的蓬勃发展，如同强劲的引擎，拉动了社区内的各类经济资源，使其得以充分流动与利用，从而为社区的经济发展注入了源源不断的活力。

2. 创造就业机会与提高居民收入

旅游业作为一个劳动密集型的产业，具有创造就业机会的巨大潜力。在社区参与旅游规划设计的背景下，社区居民有机会亲身投入旅游业的各个环节中，无论是旅游服务地提供、管理工作的执行，还是运营策略的制定，他们都能在其中找到自己的位置。这种参与不仅为社区居民带来了稳定的就业机会，更为他们开辟了多元化的收入来源。随着就业机会的增加和收入水平的提升，社区的就业压力得到了有效缓解，居民的经济状况和生活质量也随之得到了显著改善。这种正向的循环效应，进一步增强了社区对旅游业的依赖和信心。

3. 促进社区产业结构优化

传统上，许多社区的经济结构单一，过度依赖农业或传统工业，导致经济发展缓慢且风险较高。社区参与旅游规划设计能够推动社区产业结构的多元化和优化。通过发展旅游业，可以带动餐饮、住宿、交通、娱乐等相关产业的发展，形成产业链和产业集群效应，从而提高社区经济的整体竞争力和抗风险能力。

4. 增强社区居民的经济自主性和发展能力

社区参与旅游规划设计不仅意味着社区居民能够分享旅游业带来的经济利益，更重要的是，他们能够在这一过程中提升自身的经济自主性和发展能力。通过参与规划、管理、运营等环节，社区居民可以学习到新的知识和技能，提高自身的市场意识和创业能力。这些能力的提升有助于他们在未来更好地把握发展机遇，实现经济的持续增长。

5. 促进社区内部的公平与和谐

旅游业的发展往往伴随着资源利用和利益分配的复杂过程。在这一背景下，社区参与旅游规划设计显得尤为关键。它不仅能够确保利益分配过程的公平性和透明度，有效防止利益被少数人或外部势力所垄断，还能够通过建立起公平、合理的利益分配机制，确保每一位社区居民都能公平地分享到旅游业发展所带来的经济、社会和文化成果。这种广泛而深入的参与和分享，不仅有助于提升社区居民的生活质量和幸福感，更能在社区内部营造出一种和谐、稳定、共同发展的良好氛围，为旅游业的可持续健康发展奠定了坚实的基础。

（四）推动文化传承与保护，增强社区认同感

1. 社区参与与文化传承的紧密联系

文化是旅游的核心灵魂，而社区作为文化的载体和传承者，其参与对于文化的传承至关重要。在社区参与旅游规划设计的过程中，当地的文化元素、历史传统和民俗习惯得以被深入挖掘和整理。这些文化元素随后被融入旅游产品和活动中，使得游客能够亲身体验和了解当地的文化特色。通过这种方式，社区的文化不仅得到了有效传承，还在更广泛的范围内得到了传播和推广。

2. 社区参与与文化保护的协同效应

随着现代化进程的加速，许多传统文化面临着消失的风险。社区参与旅

游规划设计为这些文化的保护提供了新的契机。通过旅游开发，社区可以获得更多的经济收益，进而有更多的资源投入文化的保护工作中。同时，旅游活动本身也为文化的展示和传播提供了平台，增强了社区居民对文化价值的认同感和自豪感。这种认同感反过来又进一步激发了社区居民保护文化的积极性和责任感，形成了文化传承与保护的良性循环。

3. 社区参与与社区认同感的相互增强

社区参与旅游规划设计不仅推动了文化的传承与保护，还在增强社区认同感方面发挥了重要作用。在社区参与的过程中，社区居民有机会共同讨论和决定旅游发展的方向和目标，这种参与感和决策权使得他们对社区的未来充满了期待和信心。同时，通过共同的努力和合作，社区居民之间的关系得到了加强，形成了更加紧密和团结的社区网络。这种网络不仅为社区居民提供了情感上的支持和归属感，还为社区的长期发展奠定了坚实的基础。

4. 社区参与在旅游规划设计中的实践意义

从实践的角度来看，社区参与旅游规划设计是一种有效的社区发展策略。它不仅能够确保旅游规划更加符合社区的实际需求和期望，还能够促进社区内部的和谐与稳定。通过增强社区认同感，社区参与为旅游业的发展提供了更加稳定和可持续的社会环境。同时，文化的传承与保护也为旅游业注入了更加丰富的内涵和灵魂，提升了旅游目的地的吸引力和竞争力。

第二节　促进社区参与的策略与机制

一、促进社区参与的策略

（一）增强社区居民的参与意识与能动性

在旅游规划过程中，社区参与被视为提升规划质量、促进旅游业可持续发展和增强社区凝聚力的关键因素。然而，在实际操作中往往面临着社区居民参与意识不强、能动性不足的问题。为了有效促进社区参与，首先需要从增强社区居民的参与意识与能动性入手。

参与意识是社区居民主动参与旅游规划的心理基础。影响参与意识的因素多种多样，包括居民对旅游规划的认知水平、对社区发展的期望、对参与效能的感知等。因此，提升参与意识需要从多方面入手，如加强宣传教育、提高居民的认知水平、明确参与带来的具体好处等。能动性是指社区居民在参与旅游规划过程中，能够主动发现问题、提出解决方案并付诸实践的能力。

（二）构建有效的参与渠道与平台

在推动旅游规划社区参与的过程中，构建有效的参与渠道与平台至关重要。这些渠道和平台不仅为社区居民提供了表达意见、参与决策的途径，还是促进旅游规划与社区发展紧密结合的重要纽带。

1. 参与渠道与平台的重要性

有效的参与渠道与平台在社区参与旅游规划中发挥着不可或缺的作用。它们像一座坚实的桥梁，将社区居民的期望、关切和建议直接传递给规划者，从而确保这些真实的声音被充分听取和高度重视。这样的渠道与平台不仅为居民提供了反馈和发声的机会，更是增强了规划的合理性和可行性，使其能够紧密地结合社区的实际需求和利益。居民的每一条建议、每一次反馈，都成为规划调整的重要参考，确保最终的实施方案更加贴近民意、更得民心。此外，平台的建设与完善也为提升居民的参与能力和意愿提供了有力的支持，进一步促进了积极、健康的社区参与氛围的形成。在这种氛围中，居民更加乐意为社区发展献计献策，共同推动旅游规划走向成功。

2. 构建多元化参与渠道的策略

为了构建有效的参与渠道，需要采取多元化的策略。首先，可以建立线下参与渠道，如定期举办社区会议、论坛和研讨会，邀请居民代表参与讨论和决策。这些活动不仅有助于增进居民对旅游规划的了解，还能促进他们之间的交流与合作。其次，线上参与渠道也不容忽视。通过建立社区网站、社交媒体账号等在线平台，可以方便居民随时随地参与讨论和反馈意见，打破时间和空间的限制。

3. 平台设计与功能考量

在构建参与平台时，需要注重平台的设计和功能设置。平台界面应简洁明了、易于操作，以便吸引更多的居民参与。同时，平台应提供丰富的功能，如信息发布、在线讨论、投票表决等，以满足居民在参与过程中的不同需求。此外，平台的稳定性和安全性也是不容忽视的因素，需要采取有效的技术措施来保障居民的信息安全和隐私权益。

4. 平台运营与维护

构建参与平台确实是促进社区参与旅游规划的重要一步，但这项工作绝非一劳永逸。平台建立后，持续的运营和维护工作至关重要。这不仅包括定期更新平台内容，确保信息的准确性和时效性，还需要及时回应居民的反馈和建议，以展现对民众意见的尊重与重视。运营者应积极采纳合理化建议，对平台功能和服务进行不断优化。同时，处理平台故障、保障系统稳定运行也是维护工作的重中之重。通过持续的努力，平台才能够保持活力和吸引力，不断吸引更多的居民参与进来。这种持续的运营和维护不仅能够提升居民的参与体验，更能够增强他们对旅游规划的满意度和归属感，从而为旅游规划的顺利实施和社区的和谐发展奠定坚实的基础。

（三）提供参与培训与技术支持

在推动社区参与旅游规划过程中，提供参与培训与技术支持是一项至关重要的策略。这一策略旨在通过提升社区居民的参与能力和技术水平，促进他们更有效地参与到旅游规划中，从而实现旅游发展与社区利益的有机结合。

1. 参与培训的重要性及其内容

参与培训是提升社区居民参与旅游规划能力的关键环节。通过培训，居民可以获取旅游规划相关的知识、技能和理念，增强他们对旅游规划的认知和理解。培训内容应涵盖旅游规划的基本概念、原则和方法，以及参与旅游规划的具体步骤和技巧。同时，还应注重培养居民的团队协作、沟通协商和问题解决等能力，以便他们在参与过程中能够更好地发挥作用。

2. 技术支持的作用与方式

技术支持在促进社区参与旅游规划中扮演着重要角色。通过引入先进的技术手段，可以降低参与的门槛，提高参与的效率和效果。具体来说，技术支持可以包括以下几个方面：一是提供易于使用的在线参与工具和平台，方便居民随时随地参与讨论和反馈意见；二是利用大数据、人工智能等技术对居民的意见和建议进行智能分析和处理，为规划决策提供科学依据；三是建立信息共享机制，确保居民能够及时获取旅游规划相关的信息和资料。

3. 培训与技术支持的结合应用

为了充分发挥参与培训和技术支持的作用，需要将二者有机结合起来。具体而言，可以在培训过程中引入技术支持手段，如利用在线学习平台提供培训课程、利用虚拟现实技术模拟旅游规划场景等。这样不仅可以提高培训的趣味性和实效性，还能帮助居民更好地理解和掌握旅游规划的相关知识和技能。同时，在技术支持方面也应注重与培训内容的衔接和配合，确保技术支持能够真正为居民的参与提供有力支撑。

4. 实施策略与预期效果

在实施提供参与培训与技术支持的策略时，需要制定详细的实施计划和方案，明确培训和技术支持的具体目标、内容、方式和时间节点等。同时还应建立有效的评估机制，对策略的实施效果进行定期评估和调整。通过这一策略的实施，预期能够显著提升社区居民的参与能力和技术水平，促进他们更积极、更有效地参与到旅游规划中。这将有助于实现旅游发展与社区利益的有机结合，推动旅游业的可持续发展和社区的和谐稳定。

（四）设计合理的激励与回报机制

在推动社区参与旅游规划过程中，设计合理的激励与回报机制是一项至关重要的策略。该机制旨在通过给予社区居民适当的激励和回报，激发他们的参与热情，提升参与效果，进而促进旅游规划与社区发展的良性互动。

1. 激励与回报机制的重要性

激励与回报机制是激发社区居民参与旅游规划动力的重要手段。通过合理的激励措施，可以让居民感受到参与的价值和意义，增强他们的参与意愿。同时，回报机制的建立则能够确保居民的付出得到应有的认可和回馈，进一步提升其参与满意度和忠诚度。因此，设计合理的激励与回报机制对于促进旅游规划社区参与具有重要意义。

2. 激励机制的设计原则与策略

在设计激励机制时，应遵循公平性、差异性、可操作性和可持续性等原则。公平性要求激励措施对所有参与者一视同仁，避免产生不公平感；差异性则要求根据参与者的不同贡献和需求，制定差异化的激励策略；可操作性强调激励措施应简单易行，便于实施和管理；可持续性则要求激励机制能够长期稳定运行，持续激发居民的参与动力。具体的激励策略包括物质激励和精神激励两个方面。物质激励如提供奖金、礼品等经济回报，可以满足居民的物质需求；精神激励如颁发荣誉证书、公开表彰等，则能够满足居民的社会认同和自我实现需求。此外，还可以采用积分制、会员制等激励方式，通过累计积分或提升会员等级给予居民更多的优惠和权益。

3. 回报机制的构建与实施

回报机制是激励与回报机制的重要组成部分，它关系到居民参与旅游规划后能够获得的实际利益。在构建回报机制时，需要明确回报的内容、方式和时间等要素。回报内容应与居民的参与贡献相匹配，具有实际价值和吸引力；回报方式应多样化，满足不同居民的需求；回报时间则应合理安排，确保居民能够及时获得回报。实施回报机制时，需要建立完善的记录和管理系统，对居民的参与情况和贡献进行准确记录和评估。同时，还需要建立有效的监督机制，确保回报的公平性和透明度。此外，还应定期对回报机制进行评估和调整，以适应社区参与和旅游规划的发展变化。

二、社区参与的机制构建

（一）组织架构与运作流程

1. 明确的组织架构

在社区参与机制的构建过程中，明确的组织架构是确保机制有效运作的基础。组织架构不仅为社区参与提供了清晰的角色定位和责任划分，还为各参与方之间的协调与合作提供了有力的框架支持。组织架构在社区参与机制中扮演着至关重要的角色。首先，它明确了各参与方的职责和权力，避免了职责不清、权力重叠等问题，提高了参与效率。其次，组织架构有助于建立有效的沟通渠道，促进信息在各参与方之间的流通与共享，增强了决策的透明度和科学性。最后，通过组织架构的优化，可以激发社区居民的参与热情，提升他们的归属感和责任感，为社区的可持续发展注入活力。一个完整的组织架构通常包括以下几个要素：决策层、执行层、监督层和基层参与者。决策层负责制定社区参与的目标、战略和政策，对重大事项进行决策。执行层负责具体实施决策层的各项决策，组织和管理社区参与活动。监督层则对执行层的工作进行监督和评估，确保各项决策得到有效执行。基层参与者是社区参与的主体，他们通过各种方式参与到社区事务中，为社区发展贡献了力量。

2. 高效且透明的运作流程

在社区参与机制的构建中，高效且透明的运作流程是确保机制顺畅运行、提升社区治理效果的关键因素。这样的运作流程不仅能够提高社区事务的处理效率，还能够增强社区居民对参与机制的信任感和满意度。

高效的运作流程意味着社区事务能够得到迅速而有效的处理。在社区参与机制中，这体现为决策迅速、执行有力、反馈及时。高效的运作有助于减少不必要的延误和浪费，确保社区资源得到最优配置和利用。同时，高效运作还能够提升社区居民的参与体验，激发他们的参与热情，形成良性循环。透明运作流程则强调信息的公开和共享。在社区参与机制中，这包括决策依据、执行过程，以及结果反馈的公开透明。透明运作有助于消除信息不对称，增强社区居民对参与机制的信任感。同时，透明运作还能够促进社区居民之间的相互监督，防止权力滥用和腐败现象的发生。

要实现高效且透明的运作流程，首先，需要建立完善的信息沟通渠道。这包括定期的社区会议、公开的信息发布平台，以及便捷的居民反馈渠道等。通过这些渠道，社区居民可以及时了解社区事务的进展情况，提出自己的意见和建议。其次，需要优化决策和执行流程。在决策环节，应充分听取社区居民的意见和建议，确保决策的科学性和合理性。在执行环节，应明确各项任务的责任人和完成时限，确保各项任务得到有效落实。最后，还需要建立有效的监督机制。这包括对执行过程的监督和对结果的评估。通过监督机制，可以及时发现运作流程中存在的问题和不足，及时进行改进和优化。

3. 定期的评估与反馈机制

在社区参与机制的构建中，定期的评估与反馈机制是确保机制持续有效、不断改进的重要环节。该机制通过对社区参与活动的定期评估，以及对评估结果的及时反馈，促进社区参与机制的持续优化和提升。

定期评估机制是社区参与机制中的一项关键制度，它有助于对社区参与活动的实施效果进行客观、全面的评价。通过定期评估，可以及时发现机制运行过程中存在的问题和不足，为后续的改进提供依据。定期评估还能够对社区居民的参与情况进行跟踪和了解，为进一步提升社区参与效果提供参考。反馈机制是将评估结果及时、准确地反馈给相关参与方的重要途径。通过反馈机制，社区居民可以了解他们的参与行为对社区发展的影响，从而增强其参与感和责任感。同时，反馈机制还能够促进社区居民、社区组织和管理者之间的有效沟通，增强彼此之间的信任和理解，为社区参与机制的持续改进创造有利的环境。

在实施定期评估与反馈机制时，需要明确评估的标准、方法和周期，以及反馈的渠道和方式。评估标准应涵盖社区参与活动的各个方面，包括参与人数、参与频率、参与效果等。评估方法可以采用问卷调查、访谈、观察等多种方式相结合，以确保评估结果的客观性和准确性。评估周期应根据社区参与活动的实际情况进行确定，既要保证评估的及时性，又要避免过于频繁的评估对社区居民造成干扰。反馈渠道和方式应多样化，以满足不同参与方的需求。可以通过公开的信息发布平台、定期的社区会议、面对面的交流等方式进行反馈。在反馈过程中，应注重信息的准确性和针对性，确保反馈内容能够对改进社区参与机制提供有益的参考。

（二）决策与执行中的社区角色

在社区参与机制的构建过程中，社区角色在决策与执行环节发挥着至关重要的作用。这些角色不仅代表着社区居民的利益和诉求，还是实现社区自治和民主管理的重要力量。

1. 社区角色的定义与分类

在社区参与机制中，社区角色通常指的是参与社区事务决策和执行的个体或组织。这些角色可以根据其性质和职责进行分类，如社区居民、社区组织、社区领导者等。社区居民是社区参与的主体，他们通过各种方式表达自己的利益诉求和意见建议。社区组织则是社区居民的集合体，它们代表着一定范围内的居民利益，负责组织和协调社区参与活动。社区领导者则是社区组织和居民的代表，他们在决策和执行过程中发挥着引领和协调的作用。

2. 社区角色在决策中的作用

在社区参与机制的决策环节，社区角色发挥着至关重要的作用。首先，社区居民通过提出意见建议、参与讨论等方式，为决策提供了重要的信息来源和参考依据。他们的参与有助于确保决策的科学性和合理性，反映社区的实际需求和利益。其次，社区组织通过组织和协调居民参与，促进了决策的民主化和多元化。它们可以代表居民与政府或其他利益相关方进行协商和谈判，维护居民的利益和权益。最后，社区领导者在决策过程中发挥着关键的引领和协调作用。他们需要具备较高的领导能力和专业素养，能够带领居民和组织共同参与到决策中，推动决策的顺利实施。

3. 社区角色在执行中的作用

在社区参与机制的执行环节，社区角色同样发挥着重要的作用。首先，社区居民是执行过程中的主要参与者和监督者。他们可以通过参与执行活动、提供志愿服务等方式，为社区事务的顺利实施贡献力量。同时，他们还可以对执行过程进行监督，确保各项决策得到有效落实。其次，社区组织在执行过程中承担着组织和协调的任务。它们需要制定详细的执行计划和方案，组织和动员居民参与到执行活动中，确保各项任务得到顺利完成。最后，社区领导者在执行过程中发挥着关键的指导和监督作用。他们需要对执行过程进行全程跟踪和评估，及时发现问题并提出改进意见，推动执行活动的顺利进行。

（三）资源与利益的公平分配

1. 旅游资源与利益分配的重要性

旅游资源是社区发展的重要资产，而旅游利益的分配则直接关系到社区居民的福祉和满意度。在社区参与旅游发展的过程中，如果旅游资源与利益的分配不公平，将会导致社区居民之间的利益冲突和不满情绪，进而影响社区的稳定和旅游业的可持续发展。因此，构建公平的旅游资源与利益分配机制是社区参与旅游发展的核心任务之一。

2. 公平分配的内涵与原则

公平分配是指在旅游资源与利益的分配过程中，遵循公平、公正、公开的原则，确保每个社区居民都能获得应得的份额。具体来说，公平分配应遵循以下原则：一是机会公平原则，即每个社区居民都有平等的机会参与旅游资源的开发和利益的分配；二是过程公平原则，即分配过程应公开透明，避免暗箱操作和权力寻租；三是结果公平原则，即分配结果应符合社区居民的期望和利益诉求，体现共享发展成果的理念。

3. 社区参与机制在公平分配中的作用

社区参与机制是实现旅游资源与利益公平分配的重要途径。通过构建有效的社区参与机制，可以确保社区居民在旅游资源开发和利益分配中的主体地位，增强他们的话语权和决策权。具体来说，社区参与机制可以通过以下方式促进公平分配：一是建立居民代表大会或旅游发展委员会等机构，代表居民参与决策和监督；二是制定公平的分配方案和规则，明确各方权益和责任；三是加强信息公开和沟通交流，增强分配过程的透明度和公信力。

第十一章 智慧旅游与旅游规划设计的融合

第一节 智慧旅游的概念与发展趋势

一、智慧旅游的概念解析

（一）智慧旅游的定义

智慧旅游是一个相对较新的概念，它融合了信息技术、旅游管理和服务创新等多个领域。智慧旅游可以被视为信息技术在旅游领域的深度应用与融合，它借助互联网、物联网、云计算、大数据、人工智能等先进的信息技术手段，对旅游资源、旅游活动、旅游者行为等进行全面、深入、实时的感知、分析和处理。这种技术的应用，使得旅游服务的提供者能够更加精准地了解旅游者的需求，进而提供更加个性化、智能化的服务。

智慧旅游不仅是一种技术的应用，更是一种服务模式的创新，它强调以旅游者为中心，以满足旅游者多元化、个性化的需求为目标，通过整合各类旅游资源和服务，为旅游者提供更加便捷、高效、舒适的旅游体验。这种服务模式的创新，不仅体现在服务内容的丰富性和服务方式的多样性上，更体现在服务质量的提升和服务效率的提高上。此外，智慧旅游还代表着一种管理理念的变革。它要求旅游管理者以更加开放、包容的心态，接纳和应用新技术、新理念，推动旅游产业的转型升级和可持续发展。同时，智慧旅游也要求管理者更加注重旅游者的体验和满意度，将旅游者的需求作为管理决策的重要依据，真正实现以旅游者为中心的管理理念。

（二）智慧旅游的核心要素

智慧旅游作为现代信息技术与旅游业深度融合的产物，其核心要素构成了一个复杂而系统的框架。

信息技术是智慧旅游的基础和支撑。这包括互联网、物联网、云计算、大数据、人工智能等先进技术的综合运用。通过这些技术，可以实现对旅游资源的数字化管理、旅游活动的智能化监控、旅游者行为的实时分析等。信息技术在智慧旅游中的应用，不仅提升了旅游服务的效率和质量，还为旅游者提供了更加便捷、个性化的体验。数据是智慧旅游的核心资源。智慧旅游需要整合各类旅游相关数据，包括景区、酒店、交通等各方面的信息。通过数据整合，可以形成旅游大数据平台，为旅游管理者提供决策支持，为旅游者提供精准的信息服务。同时，数据资源的整合还有助于实现旅游资源的优化配置和协同发展。

服务是智慧旅游的最终落脚点。智慧旅游强调以旅游者为中心，提供个性化、智能化的服务。这要求旅游服务提供者不断创新服务模式，满足旅游者多元化、个性化的需求。例如，通过智能导游系统为旅游者提供个性化的导览服务，通过在线预订系统为旅游者提供便捷的预订服务等。管理是智慧旅游的重要保障。智慧旅游要求建立高效、协同的管理体系，实现旅游资源的统一规划、统一管理和统一营销。同时，还需要加强对旅游市场的监管，保障旅游者的合法权益。管理体系的优化有助于提升旅游产业的整体竞争力和可持续发展能力。

（三）智慧旅游与传统旅游的比较

1. 服务模式的比较

传统旅游服务模式往往以固定的线路、标准化的产品为主，旅游者的选择范围相对有限。而智慧旅游则强调个性化、定制化的服务，通过大数据、人工智能等技术手段分析旅游者的需求和偏好，为其提供更加精准、个性化的旅游产品和服务。这种服务模式的变化使得旅游者能够更加自由地规划行程，获得更加丰富的旅游体验。

2. 技术应用的比较

传统旅游在技术应用方面相对有限，主要依赖于传统的宣传和推广手段，如旅行社、旅游指南等。而智慧旅游则充分利用了互联网、物联网、云计算等现代信息技术手段，实现了旅游资源的数字化管理、旅游活动的智能化监控等。这些技术的应用不仅提高了旅游服务的效率和质量，还为旅游者提供了更加便捷、实时的信息服务。

3. 管理方式的比较

传统旅游的管理方式往往以人工管理为主，依赖于人力进行资源的配置和市场的监管。而智慧旅游则通过大数据平台、智能管理系统等手段实现了对旅游资源的自动化管理和市场的实时监管。这种管理方式的变化不仅提高了管理效率，还有助于实现旅游资源的优化配置和市场的规范发展。

4. 产业融合的比较

传统旅游在产业融合方面相对有限，主要局限于旅游业内部的各个环节。而智慧旅游则强调与其他产业的跨界融合，如与文化、体育等产业的深度融合，共同推动旅游产业的创新发展。这种产业融合的趋势有助于拓展旅游产业的发展空间，提升旅游产业的综合竞争力。

二、智慧旅游的发展趋势

（一）技术创新与智慧旅游的融合

随着科技的不断进步和创新，智慧旅游正逐渐成为旅游业发展的新方向。技术创新与智慧旅游的融合，不仅为旅游业带来了前所未有的机遇，也对其提出了更高的要求。

1. 技术创新引领智慧旅游升级

近年来，大数据、人工智能、物联网、虚拟现实等先进技术不断涌现，为智慧旅游的发展提供了强大的技术支撑。这些技术的创新应用，使得智慧旅游在旅游资源管理、旅游服务提供、旅游市场营销等方面实现了重大突破。例如，通过大数据分析，旅游企业可以更加精准地了解市场需求和游客偏好，从而推出更具吸引力的旅游产品；人工智能技术的应用，则可以实现旅游服务的智能化和个性化，提升游客的旅游体验。

2. 智慧旅游推动旅游业转型升级

技术创新与智慧旅游的融合，正在推动旅游业从传统服务业向现代服务业转型升级。在智慧旅游的助力下，旅游业逐渐实现了资源的数字化、服务的智能化和管理的精细化。这种转型升级不仅提高了旅游业的运营效率和服务质量，也为其带来了更大的发展空间和潜力。同时，智慧旅游的发展还促进了旅游业与其他产业的跨界融合，推动了旅游产业链的完善和升级。

3. 融合发展中面临的挑战与对策

虽然技术创新与智慧旅游的融合为旅游业带来了诸多机遇，但在此过程中也面临着一些挑战。例如，如何确保旅游数据的安全与隐私保护、如何提升旅游从业人员的信息化素养、如何平衡技术创新与传统文化保护之间的关系等。为了应对这些挑战，需要政府、企业和社会各界共同努力，加强政策法规的制定与实施、加大人才培养和引进力度、推动产学研用深度合作等。

（二）智慧旅游的服务模式创新

智慧旅游作为现代信息技术与旅游业深度融合的产物，其服务模式创新是推动旅游业转型升级和持续发展的关键动力。

1. 个性化与定制化服务

智慧旅游强调以旅游者为中心，提供个性化与定制化的服务。借助大数据、人工智能等技术手段，智慧旅游能够精准分析旅游者的需求、偏好和行为模式，为其量身打造独特的旅游产品和服务。这种服务模式打破了传统旅游中"一刀切"的固定模式，使旅游者能够根据自己的兴趣、时间和预算等因素灵活选择旅游线路、景点和活动,获得更加贴合个人需求的旅游体验。

2. 智能导游与无接触服务

智慧旅游通过引入智能导游系统、虚拟现实技术等手段,为旅游者提供全新的导览和体验方式。智能导游系统可以根据旅游者的位置和兴趣点提供实时的讲解和导航服务,使旅游者能够更加深入地了解景点的历史文化和内涵。同时,无接触服务的兴起也减少了人与人之间的直接接触,降低了疾病传播的风险,提高了旅游的安全性和舒适性。这些智能服务的应用不仅提升了旅游者的体验质量,而且减轻了导游和景区工作人员的工作负担。

3. 全产业链协同与跨界融合

智慧旅游推动了旅游业全产业链的协同发展。通过构建旅游大数据平台、实现信息共享和资源整合,智慧旅游促进了旅行社、景区、酒店、交通等各环节之间的紧密合作和无缝衔接。这种协同发展模式不仅提高了旅游服务的整体效率和质量,也为旅游者提供了更加便捷、一站式的旅游服务体验。同时,智慧旅游还促进了旅游业与其他产业的跨界融合,如与文化、体育、农业等产业的深度融合,共同打造更加丰富多元的旅游产品和服务体系。

4. 持续创新与服务质量提升

智慧旅游的服务模式创新是一个持续不断的过程。随着技术的不断进步和市场需求的不断变化,智慧旅游需要不断探索新的服务模式和手段,以满足旅游者日益增长的需求。同时,智慧旅游也需要注重服务质量的提升,通过加强从业人员培训、完善服务标准体系等措施,确保旅游者能够享受到高质量、高标准的旅游服务体验。

(三)智慧旅游的管理与治理创新

智慧旅游作为一种新兴的旅游形态,不仅在服务模式上有所创新,更在管理与治理方面提出了新的挑战和要求。

1. 智慧旅游管理的数字化转型

传统旅游管理往往依赖于人力和纸质档案,而智慧旅游则推动了管理的数字化转型。通过引入大数据、云计算等现代信息技术,智慧旅游实现了对旅游资源的数字化管理，包括对景点、酒店、交通等信息的实时采集、存储和分析。这种数字化转型不仅提高了管理效率，还为决策提供了更为准确的数据支持，有助于实现旅游资源的优化配置和可持续发展。

2. 智能监控与安全保障

智慧旅游强调对旅游活动的实时监控和安全管理。通过物联网、人工智能等技术手段，可以实时监测旅游者的位置、行为等信息，及时发现和处理潜在的安全隐患。此外，智能预警系统的建立也有助于提前预警和应对突发事件，确保旅游者的安全。这种智能监控与安全保障体系的建立，不仅提升了旅游者的安全感，也为旅游业的稳健发展提供了有力保障。

3. 跨部门协同与综合治理

智慧旅游的管理与治理创新还体现在跨部门协同与综合治理上。由于旅游业涉及交通、餐饮、住宿等多个领域，需要政府各部门之间的紧密合作和协调。智慧旅游通过构建跨部门的信息共享平台和协同工作机制，打破了信息壁垒和条块分割，实现了对旅游市场的综合治理。这种治理模式不仅提高了管理效率，也有助于解决旅游市场中的乱象和问题。

4. 旅游者与社区的参与共治

与传统旅游管理模式相比，智慧旅游更加注重旅游者和当地社区的参与共治。通过社交媒体、在线评价等渠道，旅游者可以及时反馈对旅游服务和环境的意见和建议，为管理者提供改进的依据。同时，当地社区也可以积极参与到旅游管理和决策中，确保旅游业的发展与当地社会、经济和文化的和谐共生。这种参与共治的模式有助于提升旅游管理的民主性和科学性。

5. 持续学习与自适应机制

智慧旅游的管理与治理创新还强调建立持续学习与自适应机制。随着市场环境和技术手段的不断变化，管理者需要不断学习新知识、掌握新技能，以适应旅游业发展的新要求。同时，智慧旅游系统也需要具备自适应能力，能够根据市场变化和用户需求进行自我调整和优化。这种持续学习与自适应机制的建立有助于提升智慧旅游管理和治理的灵活性和有效性。

第二节　智慧旅游在旅游规划设计中的应用

一、大数据技术在旅游规划设计中的应用

（一）旅游数据收集与分析

随着信息技术的快速发展，大数据已经成为旅游规划设计中不可或缺的技术工具。旅游规划设计是一个复杂而系统的过程，需要大量的数据支持。大数据技术为旅游数据收集提供了新的可能性和便捷性。通过大数据技术，可以实现对海量旅游数据的实时采集、存储和处理，确保数据的时效性和准确性。这些数据不仅包括旅游景区的客流、消费、满意度等传统指标，还包括游客行为、偏好、社交媒体评价等新兴数据源。这些数据的多源性、异构性和实时性等特点，对大数据处理和分析技术提出了更高的要求。

在旅游数据收集方面，大数据技术主要通过爬虫技术、物联网技术、API接口等手段，从互联网、社交媒体、旅游预订平台等多个渠道获取相关数据。这些技术手段可以实现对数据的自动抓取、清洗和整合，提高数据收集的效率和质量。此外，大数据技术还可以通过数据挖掘和关联分析等方法，发现数据之间的潜在关系和规律，为旅游规划设计提供更深入、更全面的数据支持。在旅游数据分析方面，大数据技术主要通过统计分析、机器学习、可视化呈现等手段，对数据进行深度挖掘和价值发现。通过这些分析方法，可以实现对旅游市场的细分、对游客行为的预测、对景区容量的评估等，为旅游规划设计提供科学决策的依据。同时，大数据技术还可以帮助规划设计者识别出影响旅游业发展的关键因素，提出有针对性的优化措施和发展建议。

（二）基于大数据的旅游需求预测

随着信息技术的迅猛发展和大数据时代的来临，基于大数据的旅游需求预测已成为旅游行业研究的前沿领域。通过深度挖掘和分析海量数据，旅游

企业和规划者能够更准确地把握市场动态，优化资源配置，提升服务质量。大数据具有体量大、类型多、速度快和价值密度低等特点，这些特点使得大数据在旅游需求预测中具有独特的优势。首先，大数据能够涵盖更广泛的旅游相关信息，包括历史旅游数据、实时旅游动态、社交媒体评论等，为需求预测提供全面的数据基础。其次，大数据处理技术的快速发展使得实时分析和预测成为可能，有助于旅游企业及时把握市场变化，做出快速响应。

基于大数据的旅游需求预测主要采用数据挖掘、机器学习等先进技术。通过对历史旅游数据的挖掘和分析，可以发现旅游需求的季节性、周期性等规律，以及影响旅游需求的各种因素。然后，利用机器学习算法构建预测模型，对未来的旅游需求进行预测。这些预测结果可以为旅游企业的决策提供支持，如制定营销策略、调整价格策略、优化资源配置等。基于大数据的旅游需求预测在旅游行业中的应用非常广泛。首先，在旅游规划方面，通过对未来旅游需求的预测，可以合理规划旅游景区的建设和发展，避免资源浪费和供需失衡。其次，在旅游营销方面，通过对目标市场的旅游需求预测，可以制定更精准的营销策略，提高营销效果。最后，在旅游服务方面，通过对游客行为的预测和分析，可以提供更个性化的服务，提升游客的满意度。

（三）大数据在旅游资源配置中的应用

随着信息技术的快速发展，大数据已经成为众多行业优化资源配置的重要工具。在旅游业中，大数据的应用同样具有巨大的潜力和价值。旅游资源配置是指根据旅游市场的需求和旅游资源的特性，对旅游资源进行合理分配和优化的过程。而大数据则是指无法在可承受的时间范围内用常规软件工具进行捕捉、管理和处理的数据集合。在旅游业中，大数据的应用可以帮助决策者更准确地把握市场动态和游客需求，从而实现旅游资源的优化配置。

通过收集和分析历史旅游数据、实时旅游动态以及社交媒体评论等信息，大数据可以预测未来一段时间内的旅游市场需求变化。这有助于旅游企业提前调整资源配置策略，满足游客的多样化需求。基于市场需求预测的结果，大数据可以帮助旅游企业实现资源的优化配置。例如，根据游客的偏好和行为模式，调整景区内的设施布局、优化旅游线路设计、合理分配酒店和交通资源等。这不仅可以提高游客的满意度，还可以提升旅游企业的运营效率。大数据还可以应用于旅游风险管理领域。通过对历史旅游数据的挖掘和分析，可以识别出可能影响旅游业发展的风险因素，如自然灾害、社会事件等。然后，利用大数据技术进行风险评估和预警，帮助旅游企业及时应对潜在风险，减少损失。

二、人工智能技术在旅游规划设计中的应用

（一）智能旅游推荐系统

随着人工智能技术的不断发展和普及，其在旅游规划设计中的应用也日益凸显。智能旅游推荐系统作为人工智能技术的重要应用之一，为游客提供了更加个性化、智能化的旅游服务。智能旅游推荐系统是一种基于人工智能技术的信息系统，它通过对游客的旅游偏好、历史行为等数据的分析和挖掘，为游客推荐符合其需求的旅游目的地、景点、酒店、交通等旅游资源。其原理主要依赖于推荐算法，如协同过滤、内容过滤、混合过滤等，以及机器学习、深度学习等人工智能技术。

智能旅游推荐系统可以根据游客的个人喜好、旅游历史、预算等条件，为其量身定制个性化的旅游规划方案。这不仅提高了游客的满意度，也促进了旅游资源的有效利用。通过对游客的行为数据和景点属性的分析，智能旅游推荐系统可以为游客推荐最受欢迎的景点、最适合其需求的景点以及避开人流高峰的游览时间，从而优化游客的旅游体验。智能旅游推荐系统还可以为旅游企业提供关于游客需求和市场趋势的深入洞察，帮助企业开发新的旅游产品和服务，满足游客的多样化需求。

（二）基于 AI 的旅游路线规划

基于 AI 的旅游路线规划是指利用人工智能技术，根据游客的需求、偏好、预算等条件，为其自动生成最优的旅游路线方案。其原理主要依赖于机

器学习、深度学习、自然语言处理等 AI 技术，通过对大量旅游数据的学习和分析，构建出能够理解和预测游客行为的智能模型。具体来说，基于 AI 的旅游路线规划，系统首先会收集并分析游客的个人信息、历史旅游数据以及实时旅游动态等信息。其次，利用机器学习算法对这些数据进行挖掘和学习，提取出游客的偏好、需求等特征。最后，结合旅游资源的属性、地理位置、交通情况等信息，利用优化算法为游客生成个性化的旅游路线方案。

基于 AI 的旅游路线规划能够根据游客的个性化需求，为其量身定制最优的旅游路线方案。这不仅避免了游客在旅游过程中的盲目性和重复性，还提升了游客的满意度和忠诚度。通过智能算法的优化，基于 AI 的旅游路线规划能够为游客规划出最省时、最省力的旅游路线。这有助于游客在有限的时间内游览更多的景点，提高旅游效率。基于 AI 的旅游路线规划能够根据游客的需求和偏好，合理调配旅游资源，避免资源的浪费和闲置。这有助于实现旅游资源的最大化利用，推动旅游业的可持续发展。

（三）人工智能在旅游服务质量提升中的作用

旅游服务质量是评价旅游业发展水平的重要指标之一，而人工智能则是提升旅游服务质量的重要手段。通过运用人工智能技术，旅游企业可以更加精准地了解游客需求，提供个性化、智能化的服务，从而提升游客的满意度和忠诚度。

基于游客的历史行为、偏好等信息，人工智能可以构建智能推荐系统，为游客推荐符合其需求的旅游景点、酒店、餐厅等。这不仅可以提高游客的决策效率，还可以增加旅游企业的销售收入。人工智能客服系统可以 24 小时不间断地为游客提供咨询服务，解答游客的疑问和问题。这不仅可以提高游客的满意度，还可以减轻人工客服的工作负担。通过运用人工智能技术，可以构建智能导游系统，为游客提供更加生动、有趣的导游服务。智能导游系统可以根据游客的位置和需求，实时推送相关景点的介绍、历史背景等信息，提升游客的旅游体验。人工智能技术还可以应用于旅游安全监控领域。通过运用智能识别和分析技术，可以实时监控旅游景区的安全状况，及时发现并处理潜在的安全隐患，确保游客的人身安全。

三、物联网技术在旅游规划设计中的应用

（一）物联网在旅游资源管理中的应用

随着信息技术的迅猛发展，物联网（Internet of Things，IoT）作为连接实体世界与数字世界的桥梁，其在旅游资源管理中的应用日益凸显。物联网通过无线传感器网络、射频识别、云计算等技术，实现对旅游资源的智能化识别、定位、跟踪、监控和管理，为提升旅游业的效率和服务质量提供了强有力的技术支持。

通过部署大量的无线传感器节点，实现对旅游资源环境参数的实时监测，如温度、湿度、光照等。这些数据为旅游资源的保护和合理利用提供了科学依据。通过为旅游资源贴上 RFID 标签，实现对其快速、准确的识别和管理。这有助于解决传统旅游资源管理中存在的信息不准确、效率低下等问题。物联网产生的海量数据需要通过云计算平台进行存储和处理，再通过大数据分析技术挖掘数据的潜在价值，为旅游资源管理决策提供支持。

通过物联网技术，可以实时监控旅游资源的状态和环境参数，及时发现并处理潜在的破坏行为，确保旅游资源的可持续利用。物联网技术可以为旅游者提供更加个性化、智能化的服务。例如，通过智能导览系统为旅游者推荐符合其需求的景点和活动，提高其旅游体验。物联网技术可以帮助旅游管理者实时监控景区的人流、车流等安全状况，及时发现并处理潜在的安全隐患，确保游客的人身安全。通过物联网技术收集的旅游数据，可以分析旅游资源的利用情况和游客的行为模式，为旅游资源的合理配置和优化提供科学依据。

（二）物联网在旅游安全保障中的作用

随着旅游业的快速发展，旅游安全问题日益凸显，如何确保游客的人身和财产安全成为旅游业亟待解决的问题。物联网技术以其独特的优势，在旅游安

全保障中发挥着越来越重要的作用。在旅游领域，物联网技术可以应用于游客定位、景区监控、应急救援等多个方面，为旅游安全保障提供有力支持。

通过物联网技术，可以实现对游客的实时定位和追踪。在景区内，游客可以佩戴带有定位功能的物联网设备，如智能手环、智能手表等，这些设备可以将游客的位置信息实时传输到管理中心。一旦游客走失或发生意外，管理中心可以迅速定位并开展救援。物联网技术可以应用于景区监控系统中，通过部署大量的传感器和摄像头，实现对景区内人流、车流、环境参数等的实时监控。当监测到异常情况时，系统可以自动触发预警机制，及时通知管理人员进行处理，从而确保游客的安全。在发生突发事件时，物联网技术可以为应急救援提供有力支持。通过收集和分析现场数据，物联网系统可以为救援人员提供准确的决策支持，如最优救援路径规划、现场情况评估等。此外，物联网技术还可以实现与其他应急系统的联动，提高救援效率。

（三）物联网技术促进智慧景区建设

随着信息技术的快速发展，智慧旅游已成为旅游业发展的重要趋势。智慧景区作为智慧旅游的重要组成部分，旨在通过运用现代信息技术，提升景区的管理效率和服务质量。物联网技术以其独特的优势，在智慧景区建设中发挥着越来越重要的作用。物联网技术是一种通过信息传感设备，按照约定的协议，对任何物品进行信息交换和通信，以实现智能化识别、定位、跟踪、监控和管理的网络。在智慧景区建设中，物联网技术可以应用于景区管理、游客服务、资源保护等多个方面，为景区的智能化提供有力支持。

通过物联网技术，可以实现对景区内各项设施的智能化管理。例如，通过部署传感器和智能控制系统，可以实时监测景区内的环境参数、设施状态等，及时发现并处理异常情况，提高景区的管理效率。物联网技术可以为游客提供更加个性化、智能化的服务。通过智能导览系统、智能推荐系统等应用，游客可以获取更加精准的旅游信息，提高旅游体验。同时，物联网技术还可以实现游客行为的实时监测和分析，为景区提供更加精准的营销策略。物联网技术在资源保护方面也具有重要应用。通过部署传感器和监控系统，可以实时监测景区内的生态环境、文物古迹等资源的状态，及时发现并处理潜在的破坏行为，确保资源的可持续利用。

第三节　智慧旅游对旅游规划设计的影响与挑战

一、智慧旅游对旅游规划设计的影响

（一）提升旅游规划设计的科学性和精准性

智慧旅游作为信息技术与旅游业深度融合的产物，不仅改变了传统旅游模式，也对旅游规划设计产生了深远的影响。其中，最为显著的影响之一便是提升了旅游规划设计的科学性和精准性。

智慧旅游通过大数据、物联网等技术手段，能够实时收集并分析游客的行为数据、消费数据等，为旅游规划设计提供客观、全面的数据支持。这种数据驱动的决策模式，使得旅游规划设计更加科学、合理，避免了主观臆断和盲目决策。智慧旅游的发展推动了旅游规划设计方法论的创新。传统的旅游规划设计往往依赖于经验判断和定性分析，而智慧旅游则引入了更多的定量分析方法、模型预测技术等，使得旅游规划设计更加科学、严谨。

通过大数据分析，智慧旅游能够准确地揭示游客的需求偏好、消费习惯等市场特征，为旅游规划设计提供精准的市场定位。这有助于旅游目的地针对特定目标市场进行精准营销和产品开发，以提高市场竞争力。智慧旅游通过 GIS 等技术手段，能够对旅游目的地的空间资源进行精准分析和优化配置。这有助于旅游规划设计在空间布局上更加合理、高效，提高旅游目的地的空间利用效率和游客满意度。

（二）拓展旅游规划设计的创新空间

1. 智慧旅游对旅游规划设计创新空间的拓展

智慧旅游强调以游客为中心，注重游客的体验和需求。这一理念打破了

传统旅游规划设计以资源为导向的局限性，推动了规划理念的创新。在智慧旅游的引领下，旅游规划设计更加注重人性化、个性化、智能化等方面的创新，致力于为游客提供更加优质、便捷的旅游体验。智慧旅游借助物联网、大数据、人工智能等现代信息技术，为旅游规划设计提供了强大的技术支撑。这些技术的应用，使得旅游规划设计在数据处理、空间分析、模拟预测等方面更加高效、精准。同时，新技术也为旅游规划设计带来了更多的创新可能性，如虚拟现实、增强现实等技术的应用，为游客创造了更加丰富多样的旅游体验。智慧旅游的发展推动了旅游产品的创新和升级。在智慧旅游的引领下，旅游规划设计不再局限于传统的观光游览，而是向休闲度假、文化体验、生态旅游等多元化方向发展。这种创新不仅丰富了旅游产品的内涵和外延，也满足了游客日益多样化的旅游需求。

2. 智慧旅游拓展旅游规划设计创新空间的意义

通过拓展旅游规划设计的创新空间，智慧旅游有助于提升旅游业的整体竞争力。创新是旅游业发展的核心动力，只有不断创新，才能在激烈的市场竞争中立于不败之地。智慧旅游通过推动规划理念、技术和内容的创新，为旅游业注入了新的活力和动力。智慧旅游强调以游客为中心，注重游客的体验和需求。这种以人为本的规划理念有助于实现旅游业的可持续发展。通过拓展旅游规划设计的创新空间，智慧旅游可以推动旅游业向更加绿色、低碳、环保的方向发展，实现经济效益、社会效益和环境效益的有机统一。

（三）促进旅游规划设计的可持续发展

随着全球旅游业的迅猛发展，旅游规划设计面临着前所未有的机遇与挑战。传统的旅游规划设计方法往往侧重于短期内的经济效益，而忽视了长期的环境与社会影响。然而，智慧旅游的出现为旅游规划设计带来了新的视角和思路，特别是其在促进旅游规划设计可持续发展方面的重要作用。

1. 智慧旅游与旅游规划设计的可持续发展

智慧旅游通过大数据、物联网等技术手段，实现对旅游资源的全面感知和实时监控。这使得旅游规划设计能够更加精准地掌握资源状况，有效整合和优化资源配置，避免资源浪费和过度开发。同时，智慧旅游还能够促进旅游目的地内部的协同发展，推动旅游产业与相关产业的深度融合，形成可持续发展的旅游产业链。智慧旅游强调对生态环境的尊重和保护。在旅游规划设计中，通过引入生态足迹、环境影响评估等理念和方法，智慧旅游能够科学评估旅游活动对生态环境的影响，制定相应的保护措施和管理策略。此外，智慧旅游还能够通过智能监测和预警系统，及时发现和处理生态环境问题，确保旅游业的可持续发展。智慧旅游注重旅游目的地的社会文化特色和价值。在旅游规划设计中，智慧旅游通过深入挖掘和整理目的地的历史文化、民俗风情等资源，推动旅游与文化、教育等领域的融合发展，实现旅游的社会文化效益。同时，智慧旅游还能够通过数字化技术和创新手段，保护和传承非物质文化遗产，为旅游业的可持续发展注入文化动力。

2. 智慧旅游促进旅游规划设计可持续发展的机制

智慧旅游通过构建信息共享平台，实现旅游规划设计相关数据的实时更新和共享。这有助于规划设计师全面掌握旅游目的地的实际情况和发展趋势，做出科学、合理的决策。同时，智慧旅游还能提供强大的决策支持功能，如大数据分析、模拟预测等，提高旅游规划设计的精准度和有效性。智慧旅游强调公众参与和多元治理在旅游规划设计中的重要性。通过社交媒体、移动应用等渠道，智慧旅游能够广泛收集公众的意见和建议，反映不同利益相关者的诉求和期望。这有助于旅游规划设计更加民主、透明和公正，形成多元化的治理格局和利益共享机制。

二、智慧旅游对旅游规划设计的挑战

（一）技术与基础设施的挑战

1. 智慧旅游的技术挑战

智慧旅游所依赖的信息技术，如物联网、大数据、人工智能等，更新速度极快。这就要求旅游规划设计人员必须不断学习和掌握新技术，以适应智慧旅游的发展需求。然而，新技术的学习和应用需要时间和资源投入，这对于许多旅游规划设计团队来说是一个不小的挑战。智慧旅游涉及多种技术的集成应用，如物联网设备的互联互通、大数据的分析与挖掘、人工智能的算法优化等。这些技术的集成需要跨学科的知识和协作，对旅游规划设计人员的综合素质提出了更高的要求。同时，不同技术之间的兼容性和互操作性也是一大挑战，需要旅游规划设计人员具备丰富的实践经验和解决问题的能力。

2. 智慧旅游的基础设施挑战

智慧旅游的发展需要完善的基础设施支撑，如高速互联网、移动通信网络、物联网设备等。然而，许多旅游目的地的基础设施建设相对滞后，无法满足智慧旅游的发展需求。这就要求旅游规划设计在推动智慧旅游发展的同时，必须加大基础设施建设的投入和力度。智慧旅游基础设施的维护和管理需要专业的技术和人员支持。然而，许多旅游目的地缺乏这方面的专业能力和经验，导致基础设施的故障率较高，影响了智慧旅游的服务质量和游客体验。因此，旅游规划设计需要充分考虑基础设施的维护和管理问题，制定相应的策略和措施。

（二）数据安全与隐私保护的挑战

1. 智慧旅游中的数据安全挑战

智慧旅游涉及大量个人数据的收集、存储和处理，包括游客的身份信息、消费记录、行踪轨迹等。一旦这些数据被非法获取或泄露，将对游客的隐私权造成严重侵害，甚至可能引发诈骗等犯罪行为。因此，如何确保数据的安全性，防止数据泄露，是智慧旅游面临的首要挑战。在智慧旅游中，数据的真实性和完整性对于旅游规划设计的科学性和准确性至关重要。然而，由于技术手段的局限性或人为因素的干扰，数据在收集、传输和处理过程中可能遭到篡改或伪造，导致数据分析结果的失真。因此，如何保证数据的真实性和完整性，防止数据被篡改或伪造，是智慧旅游面临的又一重要挑战。

2. 智慧旅游中的隐私保护挑战

在智慧旅游中，游客的隐私信息可能被无处不在的传感器、摄像头等设备捕捉和记录。这些信息一旦被滥用或泄露，将对游客的个人隐私造成严重威胁。因此，如何在保障游客体验的同时，最大限度地保护游客的隐私权，是智慧旅游面临的一大难题。在智慧旅游中，数据的挖掘和利用对于提升旅游服务质量和推动旅游业创新发展具有重要意义。然而，过度的数据收集和处理可能侵犯游客的隐私权，引发社会争议和法律风险。因此，如何在保障游客隐私权的前提下，合理有效地利用数据资源，是智慧旅游需要解决的关键问题。

（三）旅游从业者的技能与素质挑战

1. 技能挑战

智慧旅游以信息技术为支撑，要求旅游从业者具备熟练掌握和应用各类信息技术，如物联网、大数据、云计算等。然而，当前许多旅游从业者缺乏这方面的技能和经验，难以适应智慧旅游的发展需求。在智慧旅游背景下，数据分析成为旅游从业者的重要工作内容。通过对海量数据的挖掘和分析，旅游从业者可以更好地了解市场需求、游客偏好和竞争态势。然而，数据分析能力的缺失使得许多旅游从业者难以从数据中提取有价值的信息，影响了决策的科学性和准确性。

2. 素质挑战

智慧旅游的发展要求旅游从业者具备创新思维和开拓精神，勇于尝试新事物、新模式和新业态。然而，受传统观念和思维方式的影响，部分旅游从业者缺乏创新意识和变革勇气，难以适应智慧旅游的发展变化。随着国际旅游市场的不断拓展，跨文化沟通成为旅游从业者必备的能力之一。然而，由于文化差异和语言障碍的存在，部分旅游从业者在与国际游客沟通时面临困难，影响了服务质量和游客的满意度。

参考文献

［1］ 牟红. 旅游规划理论与方法［M］. 北京：北京大学出版社，2015.

［2］ 冯小叶，王蔚. 旅游资源与开发［M］. 北京：北京大学出版社，2012.

［3］ 李瑞，王义民. 旅游资源规划与开发［M］. 郑州：郑州大学出版社，2002.

［4］ 王德刚，何桂梅. 旅游资源开发与利用.［M］. 2版. 济南：山东大学出版社，2005.

［5］ 石金莲. 旅游资源开发与利用［M］. 北京：中央广播电视大学出版社，2011.

［6］ 王旭东，解旭东. 地域文化视角下文旅特色小镇规划设计策略研究——以杨家埠文化旅游梦想小镇为例［J］. 城市建筑，2023，20（18）：107-109.

［7］ 高婕. 体验式景观设计在红色旅游景区规划中的应用［J］. 居业，2023（9）：62-64.

［8］ 王山林. 旅游景观规划设计中我国传统文化的应用探析［J］. 旅游与摄影，2023（13）：59-61.

［9］ 冉建波. 旅游度假区城市设计及其管理策略——以仙女山旅游度假区项目规划设计方案阶段为例［J］. 城市建设理论研究（电子版），2023（19）：25-28.

［10］ 肖燕玲. 我国在线旅游产业链、竞争格局与市场发展趋势分析［J］. 商业经济研究，2024（3）：176-179.

［11］刘晓萌. 消费升级促进旅游高质量发展的路径研究［J］. 现代商业，2024（2）：40-43.

［12］张玲. 浅析当前我国旅游市场营销特性与发展趋势［J］. 活力，2023（7）：137-139.

［13］韩云霞. 论现代旅游市场营销特性与发展趋势［J］. 现代营销（经营版），2022（1）：148-150.

［14］文学菊，马倩，邱汉琴，等. 科学评价标准引领世界重要旅游目的地建设的"四川探索"［J］. 新西部，2023（10）：41-44.

［15］翟淞，吕宁，李烨，等. 基于蚁群算法的多目标最优旅游线路规划设计［J］. 中国生态旅游，2022，12（5）：848-860.

［16］张业涌，刘德平，邹敏科，等. 基于聚类分析与多目标规划的新疆旅游线路优化设计与研究［J］. 甘肃科技纵横，2022，51（1）：64-68.

［17］赵丽初，姜文琼，吕文佼. 基于《线性文化视域下黄河流域文化旅游资源开发研究》探究黄河流域文化旅游资源开发原则及路径［J］. 人民黄河，2023，45（12）：174.

［18］南文亮. 基于林下经济发展的森林旅游资源开发研究［J］. 村委主任，2023（8）：69-71.

［19］陈方妹，蔡道成. 文笔峰文化旅游资源开发策略［J］. 产业创新研究，2023（20）：72-74.

［20］周杰. 基于RMP分析的区域文化旅游资源开发策略研究［J］. 美与时代（城市版），2023（9）：113-115.

［21］廖锐. 高校中华优秀传统文化艺术传承模式创新研究——以《旅游产品开发设计》课程为例［J］. 鞋类工艺与设计，2023，3（16）：99-101.

［22］黄静. 花果山景区旅游产品开发创新思考［J］. 合作经济与科技，2022（20）：80-81.

［23］刘利娜，邱燕. 文旅融合背景下舟山非物质文化遗产旅游产品开发研究［J］. 经营与管理，2024（3）：130-135.

［24］和西芳，刘俊霞. 视觉符号视角下皮雕作品价值体现与旅游纪念品设

计［J］. 皮革与化工，2023，40（6）：27-31.

［25］ 王灵恩，丁佳琦. 国内外滨海湿地旅游资源保护利用研究进展与展望［J］. 生态经济，2024，40（1）：119-127.

［26］ 谭娜，朱妮娜. 旅游资源保护的就业增长效应研究——基于中国地市级面板数据的实证分析［J］. 旅游科学，2023，37（5）：158-175.

［27］ 栾玲. 民俗文化旅游资源的开发与保护［J］. 中学地理教学参考，2023（28）：87.

［28］ 侯利敏. 乡村旅游文化产业与非物质文化遗产保护协调发展研究——基于乡村全面振兴背景［J］. 南方论刊，2022（10）：27-29.

［29］ 和娴，杜臣昌，郑英，等. 旅游景区游客信息系统设计与实现［J］. 绿色科技，2024，26（2）：244-248，265.

［30］ 谢汶熹. 大数据时代智慧旅游管理模式及其构建路径探讨［J］. 企业改革与管理，2024（2）：23-25.